美国文化中的自然瑰宝

Marvels of Nature in
American Culture

王 森

目录

前言

　　若以哥伦布"发现"美洲新大陆的15世纪末为始端，美国近代与现代历史大致可分为三个阶段：（1）殖民地时代；（2）工业化时代；（3）环保时代。殖民地时代所包括的时段涵盖美国1776年建国前的两百多年直至19世纪上半叶。在19世纪中叶至20世纪50年代末的长达百年的工业化时代中，所谓的人类进步与生态保育之间，存在着相当紧张的关系，甚至激烈的争斗。环保时代开始的重要标志是蕾切尔•卡尔森于1962年所发表的《静寂的春天》一书。卡尔森所唤醒的生态意识在当今的环保时代中有着重要地位，且日益深入人心。

　　就文化的定义而言，广义指人类在社会实践过程中所创造的物质和精神财富的总和；狭义指精神财富，包括族群广泛认同的语言文字、智力成就、大众生活方式、民间传统习俗、社会意识形态、宗教信仰、文学艺术、伦理道德、价值观念、审美情趣，以及精神图腾方面的知识，等等。简而言之，文化是一个国家或族群的社会与历史积淀产物。

千百年来，人类依赖自然环境的恩惠而繁衍生息，与此同时，人类对大自然进行着生生不息的探索、改造、利用乃至保护。一个族群、一个国家富有特质的文化，包含了该族群、该国民众对大自然的态度和精神取向，而这样的态度和取向随着时间的流逝而渐渐融入族群与国民文化之中。文学艺术是文化的重要表现形式，是传播文化的有效工具和手段，因此，从文学艺术入手，是了解一个文化中自然元素的有效途径。

本书的主旨是介绍美国文化中的自然瑰宝，而非美国的文化史，或美国的自然地理。本书的目的在于回答这样一个问题："美国人如何看待其自然？"美国的文学家和艺术家，是其文化最具代表性的发言人。这些文化精英观察自然，纵情于山水之间，从他们的作品可以窥见美国山水的影子。正是基于这一认知，人们能够通过作家、诗人、画家的作品来了解美国大众对自然所持有的态度。

2018年，普林斯顿大学艺术博物馆与耶鲁大学出版社合作出版了一部著作，书名为《大自然的国度——美国的艺术与环境》。该书的编者之一，卡尔·库瑟洛在介绍美国19世纪杰出画家托马斯·科尔时，引用了科尔于1826年向其友人描述美国东部卡兹奇尔山之美的一段话："那里，峰峦叠嶂，座座山梁悠悠相连，呈现出凝固而又躁动的美丽，华美的景色令人赞叹。" 科尔描述了美国东部典型的秀丽风光，而他心中的极致景色是牧歌式的伊甸园。在其著名的"美利坚的风景"一文中，科尔表达了他对美西荒原的赞美，他对荒野的憧憬，与亨利·大卫·梭罗关于"世界的保存孕育于荒野之中"的观点不谋而合。然而，让科尔不无忧虑的是，在不久的将来，旷远而圣洁的迷离山色将让位于"文明化"的牧歌式农庄，而牧歌般的山谷和坡地，又将被汹涌而至的城市工业帝国所吞没。不出科尔所料，19世纪中叶至20世纪中叶的一百年间，美国果然上演了一场大自然被重建的波澜壮阔的大戏。

本书侧重介绍美国建国250年来所发表的自然文学作品中的珍品，入选的标准依循三个条件：首先是被公认具有代表性或颇具特色的作品；其次是在过往的时代中曾经发挥过提振民众对大自然亲近情绪的作用；第三是富有感人的文采和艺术魅力。所选作品除了自然文学精品之外，还包括突出表现美国山水的若干幅油画和广为传唱的几首经久不衰的民歌。

本书选取了 27 位美国作家、诗人、学者、艺术家（包括画家和音乐家）的 30 篇上乘之作，将所精选的部分章节或段落译成中文奉献给读者。例如，美国自然文学史上有人称双雄的约翰，即约翰·穆尔和约翰·巴勒斯。约翰·穆尔爱山成癖，人称"大山约翰"，亦有"醉山汉"的美称；约翰·巴勒斯享有"美国自然文学之父"的美名，他的文章涉猎广泛，观察细致入微，笔调如炉边絮谈。美国的油画大师中，有两位声名显赫的托马斯，即托马斯·科尔和托马斯·莫然。哈德逊画派的创始人科尔所创作的"牛轭湖"，是研究美国山水画对自然环境与文明发展之间关系的重要性产生巨大影响的首推之作；莫然的"黄石大峡谷"，其恢宏气势，至今无出其右。

本书的结构如下：全书共分十篇，每篇总体上安排三章，篇首均有数段文字作为导引，介绍该篇的主要内容，之后呈现几篇佳作的译文节选，所收录的文章通常辞句优美，意象隽永，耐人寻味。各章篇幅力求简洁，唯有三章篇幅较长，即费德里克•杰克逊•特纳被称作美国最为重要的史学论文"边疆在美国历史中的重要性"、亨利•大卫•梭罗优美的散文"冬日漫步"，以及托马斯•科尔的名篇"美利坚的风景"。

首先，我们从克雷维科位于纽约州的农场出发，前往马萨诸塞州的康科德郡，拜谒被林肯总统誉为"美国孔夫子"的爱默生，领会大师的哲思睿语；下一站是哈德逊河岸的卡兹奇尔山，倾听托马斯•科尔讲解美利坚风景的奥秘，并观赏美国著名诗人朗费罗的"岭上日出"；而后，前往美国最东端伸入大西洋的鳕鱼角，目睹贝斯顿如椽之笔所描绘的汹涌波涛，翘望海滩上升起的猎户座，思索让蕾切尔•卡尔森痴迷一生的海涛拍岸的永恒节奏；之后，从大西洋岸边一路向西，翻过一条条雾锁霭生的山谷，趟过一道道纵横交错的溪流，从圣路易斯横渡帆樯如林的密西西比河，越过西经98度线，在堪萨斯大平原上哼唱"牧场之家"；接下来，要重走刘易斯——克拉克当年的探险之路，北溯波涛澎湃的密苏里河，翻越巍巍的落基山，领悟约翰·穆尔"走向高山即是重归故里"的豪迈意境，最终抵达烟波浩渺的太平洋海岸。

在过去的两百多年中，美国文化从最初的恐惧黑魁魁的密林，到热切地推动荒原的保护，走过了一路西进的漫漫长路，无数文人才俊写下了各臻其妙的礼赞大自然的诗章。希望本书能带您做一次亲近自然的美国山水之旅，体味"万里归来颜愈少"的欣喜，或"此心安处是吾乡"的恬淡。

第一篇　　爱默生论自然与美国学者

沐浴阳光下，畅游沧海中，
　　　餐风饮琼浆。

拉尔夫·沃尔多·爱默生

拉尔夫·沃尔多·爱默生（Ralph Waldo Emerson），美国作家、诗人、哲学家，1803 年生于波士顿。1817 年入学哈佛，主修希腊语、拉丁语、历史和修辞学，1821 年毕业。1832 年赴欧洲游历，拜访众多名人学者，包括英国浪漫主义诗人华兹华斯、湖畔诗人柯尔律治、英国史学家托马斯·卡莱尔。1833 年 11 月返回波士顿，开始教学。1836 年发表第一部著作《自然》。1847-48 年，赴英格兰讲学；1872-73 年，再赴欧洲讲学，并访问埃及。1882 年，卒于康科德镇。

爱默生是 19 世纪美国超验主义的代表人物，他的思想深刻地影响了同代与后世的美国学界。林肯总统称赞爱默生为"美国的孔夫子"。

就美国自然文学而言，爱默生的《自然》堪称是一泓清泉。爱默生的《美国学者》，奠定了他在美国思想界的泰斗地位。

第 1 章　自然之美寓于心

爱默生的《自然》（*Nature*）一书，称得上是美国自然文学的开山之作，该书的主旨是诠释人与自然的关系。爱默生秉持超验主义的观点，认为人无须依赖于宗教教义，而能够通过亲身的体验去认识世界并获得真理。《自然》包括前言和八个章节，即：自然、商品、美、语言、修炼、理想主义、精神、视角。

在"自然"一章中，爱默生提出，大自然并非一草一木，而是山水林田地貌的集合体。以农庄为例，座座农庄虽然各有所属，但农庄群体所表现出来的田野风光，却有着不可分割的整体性。能够总览田野之美者非诗人莫属；此外，孩童以及保有童真者也有着欣赏田野之美的能力。

在"商品"一章中，爱默生指出，大自然有着商品的属性，它为人类提供各种各样的物品和服务，例如新鲜的空气、清净的水、食品、动植物，等等，大自然提供商品的方式循环往复，无穷无尽。

在论述何为自然之美的第三章中，爱默生指出，人的眼睛不仅是高超的艺术家，而且是最为优秀的作曲家。置身于大自然之中，人的心灵会生发出美好的感觉。因此，爱默生郑重宣布：自然之美寓于心。爱默生发现，田野与丛林所引起的欢愉之情，暗示着人与植物之间有一种超越自然的关系。"产生这种欢愉之情的力量并不在于大自然，而是源于人的心灵，或出自于心灵与自然的和谐之中。"漫步林间或海滩，大自然有着消解疲劳、增进情趣之妙。无论春夏秋冬，每个季节都有其独特之美。

在"语言"一章中，爱默生探讨了大自然对语言的影响。亲近自然而成长起来的人，有着超强的语言表达能力，也更富有创造精神。

在"修炼"一章中，爱默生指出，大自然是一位好老师。在观察气象万千的自然世界时，人能够从中理解自然界的秩序、关系与法则。

在"理想主义"一章中，爱默生阐明，大自然始终处于变换之中，自然的概念是宇宙法则在人们头脑中的投影。

在"精神"一章中，爱默生认为，大自然表现了上帝的精神，因此，自然是上帝与人类联系的渠道。人虽然是自然界的组成部分，同时却又反映出自然界的整体性。

在《自然》的最后一章中，爱默生表明他所认为研究自然的最佳方式方法。虽然爱默生肯定了观察在从事具体学科方面的作用，并认为观察是理解自然的必要途径，但他主张对大自然进行全面的研究，特别是在观察的基础之上，将理解上升为理性的认知。在文章的最后，爱默生指出，要领悟自然的真理，必须置身于自然之中，而身处自然之中，人的心灵便与自然实现和谐的统一。

爱默生的《自然》一书，自 1836 年首次发表之后，深刻地影响了两百年来的美国思想界，并对后世的美国自然观产生了巨大的影响。在爱默生看来，自然之美对于人类有三个方面的效用，即医疗效用、精神效用以及智力效用。大自然在精神层面的作用，表现在陶冶审美情操，培养超然旷放的心绪，净化心灵，乃至升华出悲天悯人的崇高伦理精神。观赏大自然能够增强人的认知力，爱默生指出，自然界万物相连，相互的依存关系似乎遵循着某种规律，而寻觅自然法则的完美性，使人趋于思考造物主之伟大，对自然之美的沉思过程关乎人的心智，此乃自然之道。

第 2 章　美国学者的职责

在爱默生的众多作品中，"美国学者"（*American Scholar*）占据着极其重要的位置。1837 年，爱默生受邀在哈佛学院优等大学生联谊会的一次成员集会上，发表题为"美国学者"的演讲。爱默生在演讲中提出，学者应就教于自然、书籍和行动。爱默生认为，自然在三者之中最为重要，书籍的重要性无需赘言，行动则是为了将思想付诸实践，否则，思想无缘成熟为真理。爱默生关于大自然以及如何成为学者的要素等论述，奠定了他在美国思想界的崇高地位。

"美国学者"一文，大致分为五个部分。首先，爱默生指出，本文意在探讨学者作为"思想者"在整个人类中的功能。爱默生提出了一个新颖的观点，即美国的知识分子将不再依靠欧洲的过往而获得权威。后人将爱默生的这一论点称为"吹响了美国文学界文艺复兴的第一支号角"。接下来，文章分别讨论自然的影响、历史和书籍的影响、行动对思想者的教育影响。最后，爱默生讨论了美国学者的职责。

关于自然的影响，爱默生认为，学者应该首先就教于自然。作为一位老师，大自然能够教会人们观察自然界，使人提高认知能力，最终会发现，人的心灵与自然有着极大的相似之处。第一个相似点是无限循环的力量，就自然和学者精神而言，初始和终结是无边无际的。第二个相似点是秩序。起初，你看到的是一片混乱和无限多的单一事实；渐渐地，你会开始分类、比较、辨析。因此，自然的法则与理性思辨的规律有着相似之处。自然与心灵互相映照，学者对自然了解得越多，对自身的理解也就越加深刻。

接下来，爱默生用了十个段落讨论书籍对于心灵的影响。他指出，书籍包容了人类过往的学习和认知，但是，要知道，书本也有其危险。尽管书籍记述了事实，但每一部书均受到写作当时社会标准偏见的左右，最终只会呈现并非全面的真理。因此，每个时代必须创造属于那个时代的书籍，学者需要寻找其所处时代的真理。

爱默生告诫说，学者不应过于崇拜历史上的思想家，因为，那样做的话，会使我们缺乏探寻新思想和寻觅真理的勇气。爱默生在盛赞读书的益处，特别是汲取前人思想精华的同时，表达了对蛀书虫的不齿，并唾弃死读书的行为。爱默生认为，读书自有其乐，正确的读书方法是挖掘过往思想家的真理脉络，而不拘泥于旁支末节。爱默生告诫学者，在阅读历史和科学等类别的书籍时，应秉持思考和钻研的态度。在这一部分的结尾，爱默生再次呼吁，学校必须培养创新精神。

　　关于行动对于学者的影响，爱默生阐明道，拒绝将原理付诸实践是懦弱的行为。行动有助于学者表达自我，因此，行动是一个思想者的天然职责。

　　爱默生用生动的语言说：理想的生活起伏有致，带有一种节奏，劳动与沉思使思想和行动实现平衡与交替。"一颗伟大的心灵，有着思想的力量，并具有生活的力量。"

　　在讨论了学者如何就教于自然、书籍和行动之后，爱默生论及学者对社会的责任。学者的首要责任是培养大无畏的自我信任和一颗为了他人而承载智慧的心灵。爱默生指出，这是一项艰苦的任务。在追求知识的道路上，学者必须承受贫困、艰辛、枯燥、孤独以及种种匮乏，自我牺牲在所难免。

真正的学者应致力于保存往日的智慧，并有义务向大众传播最为高尚的思想和情感。这一职责意味着，学者应从私人的考虑中超脱出来，想公众之所想。与此同时，学者必须始终保持独立思想和独立判断的精神，不随波逐流。一个学者是"世界的眼睛，他是世界的心脏"。

爱默生在文章的结束部分赞扬了英国的华兹华斯和德国的歌德，称赞这些浪漫主义诗人从普通人的生活和劳作中发现了灵感和高尚的品德。

爱默生特别提及瑞典哲学家伊曼纽·斯威登堡，认为该学者发现了人的心灵与自然世界的重要关联，特别是人类与自然界一体性的基本原理。

在"美国学者"一文的结尾，爱默生提出了他的个人浪漫理想。学者在思想和行动中，必须有独立性，充满勇气，具有原创精神。学者必须表现出，美国不是一个懦弱的社会。学者不能仅仅充当旧日智慧的带货人。

最后，爱默生发出对美国学者的深情呼唤：美国学者有着对人类未经探索之力量的信心，凭借全部的动机、全部的预言、全部的准备，这样的学者能够创造出一个本土化的、真正的美国文化。

第二篇　诗章中的美国山水

诗人是发言者、命名者；
　　诗人代表着美丽。

拉尔夫·沃尔多·爱默生

当情感找到了思想，
而思想找到了文字，便有了诗歌。

罗伯特·福斯特

　　大自然是诗歌的永恒主题之一，从古至今，概莫能外。美国在其较短的两百多年建国史中，涌现出若干位颇有成就的自然诗人。美国早期的自然诗人深受英国湖畔诗人威廉·华兹华斯（William Wordsworth）等浪漫主义诗人的影响，诗歌大多以乡村美景为题材。威廉·卡伦·布莱恩特（William Cullen Bryant，1794-1878），是美国19世纪的著名诗人，他所创作的讴歌自然的诗篇，在美国文学界享有盛名。布莱恩特的代表作包括"致水鸟"（*To a Waterfowl*），"黄色

的堇香花"，（*The Yellow Violet*），
等等。

爱默生是 19 世纪美国自然诗歌的代
表人物之一，他创作了若干首歌颂大自然
的诗歌。例如，他于 1867 年创作的"自
然之歌"（*Song of Nature*），在当时的
美国诗歌界广为流传。

亨利·沃兹沃斯·朗费罗（Henry
Wadsworth Longfellow, 1807-1882）是
美国著名诗人，他的诗作也涉及山水自
然，例如，他于 1839 年发表的"岭上日
出"（*Sunrise on the Hills*），描绘出
了十分优美的意境。诗人站在山顶之上，
望着冉冉升起的旭日，发出对大自然之美
的阵阵赞叹。

罗伯特·福斯特（Robert Frost,
1874-1963），被认为是美国 20 世纪最伟
大的诗人之一。在他的诗作中，大自然占
有极为重要的位置。福斯特尤其钟爱林
木，在他的若干家喻户晓的诗歌中，或明
或暗的森林如影相随。"未选之路"
（*The Road Not Taken*）、"雪夜林边驻
足"（*Stopping by Woods on a Snowy*

Evening）、"桦树"（*Birches*），是福斯特的代表作。

20 世纪中叶之后，美国诗歌界受社会范围的环保意识影响，自然诗歌不再以乡村浪漫主义色彩为主题，渐渐转向关注环境保护以及同情遭受工业发展负面影响的自然环境。20 世纪的美国自然诗人中，有几位重量级人物值得一提，包括温德尔·贝瑞（Wendell Berry）和盖瑞·施耐德（Gary Snyder）。贝瑞的题材以乡村为主，如"肯塔基河汊口"。施耐德的诗歌体裁广泛，涵盖东西方文化，甚至包括美国印第安文化。尤其值得一提的是，施耐德深受中国和日本的禅宗影响，他于 1996 年发表的长诗"山河无尽"（*Mountains and Rivers without End*），在美国当代自然诗歌界广为流传。美国的女诗人中，玛丽·奥利维尔（Mary Oliver, 1935-2019）才情极高，她的作品在触及自然的同时，常常有着深刻的人文意境。

在本篇中，让我们共同欣赏三首著名的美国自然诗歌，即朗费罗的"岭上日出"、福斯特的"雪夜林边驻足"，以及奥利维尔的"鸿雁"。

第 3 章　　岭上日出

作者：亨利·沃兹沃斯·朗费罗（1839）

我伫立山岗，苍天茫茫
回归的朝阳光芒万丈
森林披彩霞，劲风吹拂
亲吻旭日普照的山谷。
云朵在脚下，沐浴朝霞
拦腰环抱高高的枝桠
任凭云雾缭绕，阳光耀眼
俨然似夺得桂冠的大员。
放眼通天的顶梢，光彩变换。
刺破灰灰的雾霭
累累岩石尽现山崖
黑魃魃的松树经风历雨、光秃、裂开。
脚下，云开雾散
阳光照耀富饶的山谷，溪水潺潺
松林遮天蔽日
水花泛起晶莹的白莲；
举头翘望，阳光温馨和煦
叽喳的苇鹠肆意盘旋。

我听到远处的溪水奔淌
我看见湍流打旋四溅
浩浩荡荡，碧蓝的湖水漫过银滩
林木躬身，静静地伸展向前。
整个山谷，轻柔响起
村庄古钟的乐声
甜蜜的美曲，回荡在山岗
野岭的号角，传遍丛林四方。
嘹亮的乐声盖过欢乐的呼喊
从遥远的幽谷荏弱相传
忽然间升起袅袅炊烟
穿透浓林密叶，飘向岭端。

假若你疲惫困顿不堪
悲伤连连，你能忘却
假若你能领悟教训，莫要遗弃
心可免于暗淡，灵魂归于平展
走向丛林和山岗！泪眼试干
面向大自然朦胧的笑脸。

（译者：王 森）

第 4 章　　雪夜林边驻足

作者：罗伯特·福斯特（1923）

我想我知晓这是谁的树林
而主人的房舍就在邻村
他不会看见我驻足此地
注视他的林间落雪纷纷。

我的小马定然有些疑惑
附近没有农舍可供停歇
四周除了树林便是冰湖
这是全年最暗黑的一夜。

它摇摆颈上的铃铛
意欲发问有否搞错
此外再无别的声响
唯有轻风雪花飞扬。

可爱的树林，黑暗而又幽远
但我还有许多诺言要去兑现
还要走过漫漫长路方能安眠
还要走过漫漫长路方能安眠。

（译者：王 森）

第5章　鸿雁

作者：玛丽·奥利维尔（1986）

你不必完美。
你不必跪地前行
穿过百哩沙漠心怀愧悔。
你只需任由你身躯柔弱的动物本性
钟爱心怡的后生。
讲出你的绝望，我会说给你我的悲凉
世事将会一如既往。
阳光和晶莹的雨珠
滑过田野
穿过草原和密林
掠过高山与河滩。
此时此刻，鸿雁高飞蓝天
振翅腾云赶往它们的家园。
无论你是何人，不管你何等孤寒
世界向你袒露胸怀任你遐思阔想。
鸿雁对你的呼唤，刺耳而又振奋
一遍一遍宣告你的归宿
朗朗乾坤诸事顺其自然。

（译者：王　森）

第三篇　　民歌中的美国山水

大地的乐曲奏给侧耳倾听者。

威廉·莎士比亚

1908 年夏天，一位德克萨斯大学的学者，在马背上栓好重达 50 磅的录音设备，收拾行囊之后，向美国西南部的牧场深处进发，开始了他的收集美西牛仔民歌民谣之旅。这位学者便是约翰·阿伟利·罗迈科斯（John Avery Lomax）教授，他的著作《牛仔之歌以及其他边疆民谣》于 1910 年问世。该书收集了 112 首美国西部，特别是西南部地区广为传唱的牛仔民歌和民谣。西奥多·罗斯福总统（即老罗斯福，美国第 26 任总统），于 1910 年 8 月 28 日致函罗迈科斯教授，称赞这是一部"永久保护边疆民歌的重要著作"。罗迈科斯教授在该书日后的再版中，将西奥多·罗斯福总统的亲笔信放置于目录的首端。

在美国的社会发展和文化演进过程中，大量的民歌和民谣涌现出来。罗迈科斯教授的著作主要收集了 19 世纪下半叶美国西部牛仔民歌民谣。该书真实地反映了 20 世纪初的美国公众意识，特别是一股珍惜行将消失的西部边疆风貌的情绪。

每个国家和每个民族都有其经久不衰的文化记忆，而民歌和民谣是文化记忆的重要载体之一。从代代相传的民歌和民谣中，人们能够感受到历史积淀的厚度，体察到民众昔日的生活和精神追求。19 世纪美国民谣作家史蒂芬·福斯特（Stephen Foster, 1826-1864），是一位多产的歌词写手和音乐节，在他短暂的 37 年生命中，共创作了两百多首民歌和民谣，后人称他为"美国民歌之父"。福斯特于 1851 年创作的"故乡的亲人"（*Old Folks at Home*），又称为"斯瓦尼河"（*Swanee River*），因词曲悠扬深沉，深受美国人民的广泛喜爱；1935 年，佛罗里达州将这首歌定为佛罗里达的州歌。福斯特于 1853 年创作的"我那肯塔基的老家"（*My Old Kentucky Home*），在肯塔基的民众中广为传唱，1928 年，肯塔基州议会将这首歌曲定为肯塔基的州歌。"美丽的梦神"（*Beautiful Dreamer*），是世界范围内流传最广的美国民歌之一。这首歌曲于 1864 年 3 月发表时，福斯特已经去世两个月。有人将"美丽的梦神"称作福斯特的最佳作品，然而，"故乡的亲人"以及"噢，苏珊娜"等脍炙人口的歌曲，是世界各地合唱团的保留曲目。

在本篇中，让我们共同欣赏三首代表不同时期的美国民歌，每首歌曲都从不同的侧面反映了美国大地的自然景色以及人们对于家乡山水的赞美。

第6章　申南多

波托马克河（Potomac River）是美国中东部地区最为重要的河流，而波河的主要支流申南多（Shenandoah），不仅名字动听，而且拥有一段美丽的传说。申南多河自西南至东北方向流经弗吉尼亚州，其支流也灌溉着西弗吉尼亚州的部分地区。申南多河虽然全长仅90公里，然而，美国联邦政府于1935年在这一地区建立了国家公园，命名为"申南多国家公园"。该公园的主要地貌特征是溪水潺潺的山谷和郁郁葱葱的森林，由于距离首都华盛顿特区仅120公里，如今，这里每年接待成千上万的度假者和海内外游客。

在美国，有一首曲调悠扬的民歌广为流传，歌名正是「申南多」。「申南多」这首歌曲，讲述了一位年轻的富商与印第安酋长的女儿相爱的故事，申南多是这位姑娘家族的姓。「申南多」一歌深受民众的喜爱，特别是四海为家的水手。由于船员们远航各地，他们把这首美国歌曲带到了世界的各个角落。挪威著名女高音歌唱家西丝尔·凯嘉波（Sissel Kyrkjebø），酷爱「申南多」，将之作为多场个人演唱会的保留节目。中国著名男高音歌唱家胡松华，也曾经用英语演唱过这首歌曲，并将其收入个人音乐专辑。

「申南多」
作者：佚名

噢，申南多，我渴望见到你的娇颜，
流吧，你那滔滔河水奔腾向前。
噢，申南多，我渴望见到你的娇颜，
启航，我将要开船，
跨过密苏里河宽又宽。

噢，申南多，我爱你的女儿，
流吧，你那滔滔河水奔腾向前。
我要带她一起渡过滔滔的河水
启航，我们将要开船，
跨过密苏里河宽又宽。

噢，申南多，我即将离你而去，
流吧，你那滔滔河水奔腾向前。
噢，申南多，我即将离你而去，
启航，我将要开船，
跨过密苏里河宽又宽。

（译者：王 森）

第 7 章　牧场之家

　　如果有人要问，美国最著名的民歌是哪几首，虽然众说纷纭，但「牧场之家」定然是其中之一。牧场、水牛、晴空，这样一幅美丽的西部画卷，使得「牧场之家」成为公认的美国"西部之歌"。

　　「牧场之家」是一首经典的美国西部民歌。1871 年，耳鼻喉科医生布若斯特·黑格雷（Brewster M. Higley），从印第安纳州来到堪萨斯州的史密斯郡，在西河狸溪附近开始了新的生活。1872 年，他写了一首诗歌——"我的西部之家"，歌词描述了作者对牧场悠闲生活的向往和赞扬。不久，黑格雷将该诗在当地的报纸上发表出来。黑格雷的一位朋友丹尼尔·凯雷（Daniel E. Kelley）是一名作曲家，刚刚搬来堪萨斯不久，他十分喜欢"西部之家"的优美意境，于是将歌词谱成曲，就这样，一首盛赞美国西部生活的新歌不胫而走。

　　与所有的民歌一样，「牧场之家」经过多年的广泛传唱，歌词衍生出了许多个版本。1910 年，约翰·阿伟利·罗迈科斯发表《牛仔之歌以及其他边疆民谣》，将「牧场之家」收入书中。这首脍炙人口的歌曲在美国西部广泛流行开来之后，被许多人称为美国西部的"非官方国歌"。由于词曲作者均是堪萨斯州人，堪萨斯州政府于1947年将「牧场之家」确定为堪萨斯的州歌。如今，「牧场之家」已经成为家喻户晓的美国西部之歌。黑格雷的故居也以"牧场之家"之名，被列为国家历史名居受到特别的保护，供游人参观。

　　每当唱起「牧场之家」这首歌，一幅美丽壮观的美国西部牧场图景，便会悠然浮现在眼前。这首歌极好地描绘了美国西部的自然风光和牧歌式的生活场景。

「牧场之家」

作词：布若斯特·黑格雷
(Brewster M. Higley)

作曲：丹尼尔·凯雷
(Daniel E. Kelley)

啊，给我一个家
那里有水牛游荡，
还有快乐的小鹿和羚羊；
那里少有冷言冷语，
辽阔的天空多晴朗。

家，牧場上的家，
那里有快乐的小鹿和羚羊；
那里少有冷言冷语，
辽阔的天空多晴朗。

合唱

家，牧场上的家，
那里有快乐的小鹿和羚羊；
那里少有冷言冷语，
辽阔的天空多晴朗。

（译者：王 森）

第 8 章　　这片土地属于你

　　20 世纪 30 年代，美国的收音机中经常传出一首叫做「上帝保佑美利坚」的歌曲。通俗歌手伍迪·戈斯里（Woody Guthrie，1912-1967）听得有些不耐烦，觉得那首歌曲宗教味道过于浓重，没有充分表现出美国的山水之美，于是在 1940 年写出了一首新歌，即「这片土地属于你」。歌词写出之后，戈斯里将之放置一旁，直到 1944 年，才把歌词按照浸信会一首圣歌的曲调灌成唱片。很快，这首歌红遍美国大地。如今，「这片土地属于你」不仅在美国境内广为传唱，而且，歌词被多次改写，成为许多国家赞颂自己山水的本土化歌曲。

「这片土地属于你」

作词：伍迪·戈斯里（Woody Guthrie）

这片土地属于你，这片土地属于我
从加利福尼亚，到纽约岛
从红杉林，到墨西哥湾水边

这片土地是为你和我而建。

当我走在，蜿蜒如带的高速公路
我看见头顶，无边的天际
我看到脚下，金色的山谷
这片土地是为你和我而建。

我自在漫游，追寻着足迹
至闪亮的沙漠，那闪光的沙粒
我环顾四周，有个声音在唱吟
这片土地是为你和我而建。

当太阳升起，我缓缓而行
那麦浪滚滚，尘云翻腾
当薄雾渐渐散去，那歌声在唱吟
这片土地是为你和我而建。

这片土地属于你，这片土地属于我
从加利福尼亚，到纽约岛
从红杉林，到墨西哥湾水边
这片土地是为你和我而建。

（译者：王 森）

第四篇　　油画中的美国山水

绘画是无声的诗歌。

普鲁塔克

在艺术门类中，油画占据着十分重要而特殊的位置。在美国，人们热爱大自然，并且深深地崇拜再现和创作大自然之美的艺术家。爱默生曾经说道："画家应该懂得，地景具有悦目之美，是因为这种美激发出画家认为好的想法，透过画家眼睛所看到的场面，有着同样的力量。"由此，爱默生认为，对于自然之美和艺术之美的欣赏，几乎等同于对美好事物的热爱。

19世纪的美国画家，从早期科尔等哈德逊河学派的美东风光，到伊内斯等人所表现的工业文明的到来，再到贝斯塔德和莫然等人的美西荒原画作，表现出美国的重要地理区划。密西西比河上的汽船、肯塔基的牧场，都反映了西部开发所带来的经济发展；一座座厂房的兴起和一个个新城镇的建立，代表了所谓的进步。这些画作表现了美国西部的巨大自然禀赋的经济潜能。换言之，反映远西场景的画作，代表了美国作为一个新兴国家进步、繁荣和潜能的国家形象。由于美西群山的壮丽景观，通过画家的浓墨重彩，进入了美国公众的视野，美国油画界经历了从伊甸园式的花园小景到迢迢荒原的宏大自然景观的转变。

托马斯•科尔："牛轭湖"（*The Oxbow*）；创作于 1836 年。

阿舍·布朗·杜兰德："情同手足"
（*Kindred Spirits*）；创作于 1849 年。

乔治·伊内斯："拉卡瓦纳河谷"（*The Lackawanna Valley*）；创作于 1856 年。

安德鲁·梅尔罗斯："西行的帝国之星"
（*Westward the Star of Empire Takes Its Way*）；创作于 1867 年。

阿尔伯特•贝斯塔德："落基山——兰德峰"（*Rocky Mountains, Lander's Peak*）；创作于 1863 年。

托马斯•莫然："黄石大峡谷"（*The Grand Canyon of the Yellowstone*）；创作于 1872 年。

第 9 章　　美东的风光

美国山水在油画家的画布上多有表现，其中最为著名的作品，包括托马斯·科尔（Thomas Cole, 1801-1848）于 1836 年创作的"牛轭湖——北安普顿附近的康涅狄格河"（*The Oxbow - The Connecticut River near Northampton*）。"牛轭湖"这幅作品，不仅在美国油画界享有盛名，而且是美国自然学家们的挚爱珍品。

19 世纪的美国是一个浪漫和理想主义色彩并存的时代，一股积极旺盛的情绪感染了美国社会，绘画界大师们无疑捕捉到这一情绪，并将其反映在自己的画作之中。尽管大自然是文人墨客的一大主题，但在新英格兰早期的文学、艺术作品乃至民谣中，大自然与荒野常常被混为一谈。从欧洲来到美洲大陆的移民，纷纷以征服自然，将荒野改变成农田和花园为奋斗目标，目的是为了建立适于居住的新家园。在这种普遍认知影响下，自然环境在人们的心目中令人毛骨悚然，是必须被征服的对象，目标是驯服野蛮的荒原，让欧洲文明在"新大陆"的花园里和田地间绽放出绚丽的花朵。

1825 年前后，当托马斯•科尔登上美国画坛时，美洲大陆的一大鲜明特点是，欧洲的暗黑在新大陆移民心中应该被新世界的光亮所取代。在这样的大背景之下，美国民众开始关注和发现周围的自然景色，于是，一种对景观绘画的追求开始盛行。对自然之美的追求，始于对"家乡景色"的偏好。科尔是一位风景画家，有着强烈的理想主义色彩。他的画作生动地表现了浪漫主义情怀和早期美国民众对大自然的喜爱。科尔的绘画风格深深地影响了 19 世纪的美国绘画界，这一风格的画作被称为"哈德逊河学派"，在美国绘画界享有盛誉。

科尔是一位想象力极其丰富的画家。他认为，美国虽然没有类似于欧洲那样的厚重历史和文化供世人追溯，但美利坚的自然之美却是无与伦比的。科尔的最佳作品"牛轭湖"，反映了马萨诸塞州北汉普顿霍利奥克山的暴风雨过后的景色。在地理学中，由于河流的变迁或改道，河道自行弯曲之后，曾经的河道形成湖泊，此类湖泊多呈弯月形，被称之为河迹湖、牛轭湖、马蹄湖，等等。"牛轭湖"这幅画作场面宏大，富有极其强烈的浪漫主义色彩。科尔在致友人的一封信中曾经写道："我已经开始了一幅以霍利奥克山为背景的画作——这是我的画夹中最美的景色。"这幅于 1836 年创作的油画（130.8 x 193 公分），现今收藏于纽约大都会艺术博物馆中。

有别于科尔于 1828 年所创作的"枯树地貌"（*Landscape with Dead Tree*），在"牛轭湖"这幅画中，虽然粗糙扭曲的树干依然占据着左下方的前景部位，但树干以外留出了宽阔的空间，让风暴过后的光照从裂开的云团中射向旷远的水面和河滩。整幅画由两个完全不同的地貌类别所组成，左侧代表着荒野，而右侧则代表着农业文明。在"牛轭湖"这幅油画中，画家表现了荒野与花园、野蛮与文明之间的紧张关系和彼此之间的争斗。暴风雨过后，康乃狄克河岸边的绵羊在静静地吃草，近旁的农田晾晒着新打收的玉米，牧羊人、农民和船夫各自在劳作着；一幅农耕图景远端，似有几缕青烟从模糊的烟囱中冒出来；更远端的河谷深处，似乎有人正在伐木，开辟新的耕田。在运用欧洲传统的风景绘画笔法，以描绘美洲大陆风雨过后地貌的同时，科尔展现了美洲大陆的新家园景象。象征着野蛮的风暴黑云在渐渐退却，而代表着文明的地景正在拓展全新的空间。呈现出牛轭湖形状的水面，当你俯瞰时，好似一个巨大的问号。科尔似乎在思索，亦或在向世人发问，这条康乃狄克河之水，将会流向哪里？美利坚的自然与文明，又将走向何方？画家似乎在探寻，究竟是荒野会让位于文明，亦或两者将在美利坚大地上共存？如此复杂的疑问，留待美国当代和后人来回答。

1848 年 2 月 11 日，年仅 47 岁的科尔不幸离世。他的生前好友，浪漫诗人威廉·卡伦·布莱恩特撰写了一份感人至深的悼念文章。出于感佩科尔与布莱恩特两人的友谊佳话，美国收藏家乔纳森·斯图吉斯，聘请画家阿舍·布朗·杜兰德（Asher Brown Durant, 1796-1886）专门作画。杜兰德于 1849 年创作出名为"情同手足"（*Kindred Spirits*）的油画，在作品中生动地表现了科尔与布莱恩特两人的深厚友谊。

"情同手足"这幅风景画以纽约州的卡兹奇山的卡特斯基尔瀑布为背景，科尔与布莱恩特并肩站立在一块巨岩上，两人俯瞰脚下的溪谷，远景山峦起伏，近景林木葱茏。乔纳森•斯图吉斯将"情同手足"这幅油画，作为一份特殊的礼物赠予布莱恩特。收到这份极其珍贵的礼物之后，布莱恩特分别致信斯图吉斯和杜兰德，衷心感谢他们的美意。布莱恩特尤为表达了他对这幅油画的高超画技和深刻蕴意的赞赏。他在给杜兰德的信中说："我对这幅油画的喜爱难以言表，真诚地感激您在这幅为我特别创作的油画中倾注了您的众所称道的天才画技。"1904年，布莱恩特的女儿将"情同手足"这幅油画捐赠给纽约公共图书馆。2005年，该画在一场拍卖活动中，被一位收藏家以3500万美元的高价所收购，刷新了美国画作的拍卖记录。

杜兰德是继科尔去世之后"哈德逊河学派"的代表人物之一。诺瓦克甚至评价说："科尔死后，杜兰德可以被称为哈德逊河学派的院长。"1856年，杜兰德创作了一幅油画，题为"卡兹奇山的岩石与树林"。卡兹奇山是美国纽约州哈德逊河以西、奥本尼西南方的一处高原，位于阿利根尼高原的最东部，东端陡峭，向西渐趋平缓。卡兹奇山以潺潺的小溪和宁静的湖泊著称，是一个亲近自然的好去处。卡兹奇山成就了美国许多位绘画大师，同时也沾画家的妙笔之光而闻名遐迩。

第 10 章　火车轰鸣进河谷

美国在建国之初的半个多世纪里，特别是进入 19 世纪中叶之后，随着移民人数的不断增加和国土面积的扩大，经济和社会的快速发展带来了城镇数量以及规模的迅速增长。汽船和铁路技术在东部的率先发展，开启了里奥·马科斯（Leo Marx）称之为"花园中的机器时代"。

在这一新时代里，美国人民开始用新的视角审视人与自然界的关系，而作家和艺术家群体是最早捕捉社会思维变迁的先行者。乔治·伊内斯（George Innes，1825-1894），是美国 19 世纪的重要山水画家。他于 1855 年所创作的"拉卡瓦纳河谷"（*Lackawanna Valley*），是不可多得的画作。有别于哈德逊河学派礼赞大自然的传统，伊内斯的"拉卡瓦纳河谷"似乎宣告了美国工业时代的到来。画家在作品中记叙了特拉华州拉卡瓦纳河谷开通火车的重要历史事件。在整幅画中，轰鸣而来的火车占据了画面中下方重要的位置，画的前景中若干个砍伐之后残存的大树桩所构成的空旷地带，给人回味这里曾经的历史和未来的发展前景，留出无限的遐想空间。

"拉卡瓦纳河谷"所传递出的信息，究竟是对火车所代表的刚刚兴起的工业技术革命的赞美，抑或是对因修建铁路而迅速消失的森林和荒原而发出的慨叹，这种复杂的情感反映了美国大众在19世纪中叶所面临的两难选择。然而，火车所经过的河谷四周，依然由郁郁葱葱的树林所环抱；此外，画作的远景中，山丘起伏有致，山上植被茂密，山后的天空晴朗多彩，让人感到充满了希望和鼓舞。可以说，"拉卡瓦纳河谷"反映了当时美国社会层面对工业发展与自然之间关系的主流看法。细细想来，画家约略表现出工业技术的蓬勃发展是以牺牲部分荒野为代价的情绪。虽然人们能够从画作中捕捉到社会对大自然的观点似乎发生了某种变化，例如，昔日将森林视为野兽出没的惊悚之地，今朝的荒原渐渐变成了文明的乐土，但是，工业文明以牺牲环境为代价的事实，被敏锐的画家所察觉。

安德鲁·梅尔罗斯（Andrew Melrose）在其画作"西行的帝国之星"（*Westward the Star of Empire Takes Its Way——Near*

Council Bluffs, Iowa）中，表现了芝加哥与西北铁路抵达密苏里河岸的场景。这幅创作于 1867 年的油画，其标题取自于乔治·伯克利于 1728 年所写的一首诗。画家让火车头的巨大光束刺破灰暗的暮色和茫茫的荒野，在巨大光束照射下奔跑逃命的野鹿，给人一种工业技术扰乱自然静寂的强烈压抑感。火车头的光束似乎代表了工业进步的巨大动能，同时也代表了美国的未来，话外之音是，进步的代价是滚滚车轮所碾压的原生态自然。这幅油画生动地反映了新旧两个美国之间的对抗，落败的不仅是野生动物，而且还包括大自然整体。

第 11 章　美西的群山

在美国，对自然之美予以赞颂的画家层出不穷，阿尔伯特·贝斯塔德（Albert Bierstadt，1830-1902），便是这样一位画家。1859 年，贝斯塔德跟随一个团队从东部出发，游历了美国落基山一带。此次西部之行，让贝斯塔德领略了从未见过的壮丽山河。在整个行程中，他不知疲倦地写生作画，并且收集了大量印第安部落的用品。

返回美国东部之后，贝斯塔德对自己的绘画风格作了全新的改变，于 1863 年创作出"落基山——兰德峰"（*Rocky Mountains, Lander's Peak*）。该作品于 1864 年春天在纽约的一次画展亮相，获得巨大的成功。

在这幅油画中，贝斯塔德将印第安人的营寨细腻地表现出来，画作的远景是壮阔的落基山全景。自此，贝斯塔德开创了美国西部山水画的新潮流。1868 年，贝斯塔德创作的"加利福尼亚塞拉内华达山中"（*Among the Sierra Nevada, California*），生动而传神般地表现了塞拉山的原生态美景。

贝斯塔德的画作极大地提升了美国西部的地貌在民众心中的地位。画家用自己的妙笔，将美西展现为一个新的伊甸园，同时，还将之描绘成了一片充满希望的圣地和乐土。

谈到以美国西部为题材的画家，绝不能忽略托马斯·莫然（Thomas Moran，1837-1926），他是一位泰斗级的大师。莫然是一位勤奋而多产的画家，一生共创作了 1500 幅油画和 800 幅水彩画。莫然于 1872 年创作的油画"黄石大峡谷"，表现了以黄石为代表的美西地区的宏大和壮观场面。

19 世纪是美国从国家初创到实现崛起的重要时期。1803 年，托马斯·杰佛逊总统完成了从法国手中购买路易斯安那州的交易，从而大大地扩张了美国的版图。继刘易斯与克拉克共同领导的 1804-1806 年西部探险之旅后，美国民间开启了长达近一个世纪的西进运动。19 世纪中叶的南北战争，虽然造成了严重的国家分裂，但是，随着以北方为代表的工业势力而取得了战争的胜利，美国联邦政府和新兴的铁路工业界，大力推进新一波的"西进"运动，为弥合因南北战争所带来的分裂，并为重新定位国家发展方向，注入了新的强大动能。

为了有效地推动铁路建设，并为日益发展的农业和新移民探查最佳路径，美国政府在1867至1879年间，先后四次派遣或资助了勘查西部地形地貌的大型活动，史学家称之为"大勘查"。有别于19世纪初年的刘易斯与克拉克探险队，在"大勘查"的探险活动中，画家和摄影家等艺术家纷纷受邀加入进来。阿尔伯特·贝斯塔德与托马斯·莫然，均积极参加了"大勘查"的活动。他们跟随地质考察队翻山越岭，亲身领略了落基山的壮美和大峡谷的雄奇。以莫然为例，他于1871年夏天参加了费迪南德·海顿率领的黄石地质考察队。落基山峰峦叠嶂，峡深水长，美西的自然风光，迷倒了每一位考察队员。考察队返回美东之后，海顿等人在华盛顿特区的政要圈广泛宣传西部考察成果，从而促成美国国会通过了一项法案，划定黄石地区为国家公园。1872年3月1日，时任美国总统尤利西斯·格兰特在该法案上签字，由此，美国首个国家公园诞生，同时，黄石也成为世界上的第一个国家公园。

莫然随地质考察队返回美东之后，经过数月的辛勤劳动，于 1872 年春创作出惊艳全美的巨幅油画"黄石大峡谷"（*The Grand Canyon of the Yellowstone*）。莫然在油画中表现了黄石地区的巨型峡谷，由奔腾的黄石河水所冲刷出来的一条呈 V 字形的深壑，占据了油画的正中位置。正中的下侧有一块巨岩，上面站着两个男人，他们的身材在气势恢宏的黄石大峡谷中，显得相当矮小；其中一人看似西进而来的拓荒者，另一人像是当地的印第安原住民；面向大峡谷的拓荒者好似在问询，而背对大峡谷的印第安人似乎有问必答。油画的左侧挺立着一株苍松，金灿灿的阳光从上方左右两侧滚过巨岩坡面，洒向激流奔腾的深谷。油画正中的远景深处，一道瀑布从天而降，飞泻的天河之水激起蒙蒙雾气。"黄石大峡谷"在纽约一经面世，立即引起了巨大的轰动，莫然因这幅油画而一举成名。展出之后不久，被誉为美西仙境的"黄石大峡谷"油画被运往首都华盛顿，由美国国会以一万美元的高价购入，悬挂在国会山大厅的显要位置，供议员、政要和社会大众观赏。

1873 年夏天，莫然参加了由约翰•维斯雷•鲍威尔率领的西部地质考察队。素有"美国的瑞士"之称的科罗拉多州，给莫然留下了难忘的印象。此次考察活动中的临摹和写生素材，使莫然创作出名为"科罗拉多大峡谷"（Chasm of the Colorado）的大型油画。

1874 年，莫然再一次跟随费迪南德•海顿率领的考察队，前往科罗拉多州中部的圣十字山（Mount of the Holy Cross，中文音译为霍利克罗斯山）。该山海拔 4270 米，因其东北坡的雪道呈明显的十字形而得名。本次考察结束返回东部之后，莫然创作了名为"圣十字山"的著名油画。至此，莫然所创作的"黄石大峡谷"、"科罗拉多大峡谷"、"圣十字山"三幅油画，成为美西群山壮阔景色的油画三甲。

美国艺术界曾有人将"西进运动"描绘成来自欧洲和美国东部移民征服西部荒原的壮举。必须指出，艺术家们对于"远西"自然风光和生活环境的描绘，那些宏大的壮丽场面，在一定程度上掩盖了美国

19 世纪的一些历史低点，包括经济衰退、矿业凋零、大面积干旱、水牛群的屠戮，特别是印第安原住民被驱赶和杀戮的悲惨遭遇。历史的大潮掀起滔滔巨浪，虽然兴衰沉浮终将淹没于茫茫沧海之中，让后人记住历史，特别是重大的历史事件和教训，具有重要的意义。

艺术具有巨大的表现力和强大的说服力。美国的艺术家们在他们各自所处的时代里，用画笔和颜料表现出当时的社会意愿和民众的价值取向。同时，画家们的高超技艺和浓墨重彩，又反过来深度影响了国民的思维，甚至带动了社会的发展方向。美国国民的生态保护意识萌生于 19 世纪，除了自然文学家们的启蒙作用之外，托马斯•科尔和托马斯•莫然等艺术家的画作同样功不可没。

第五篇　　乡间的美国

测试一个文明的最佳方法，是看那里的乡
间生活。某地的乡村生活平安快乐，
那里的文明一定高度发达。

约翰·巴勒斯

　　在美国自然文学中，有一个派别的作品被称为"乡土文学"，其代表人物包括黑克托·圣约翰·克雷维科（Hector St. John de Crevecoeur, 1735-1813）、埃尔多·利奥波德（Aldo Leopold, 1887-1948）、温德尔·贝瑞（Wendell Berry, 生于1934年），等等。美国乡土文学作家在其作品中赞美农场生活，对大自然的原始活力，特别是动植物，表现出异乎寻常的亲近和关爱。尽管目前美国经济社会中务农人口的比例已经减少到总人口的百分之二以下，但乡间的自然之美已经深深地植根于美国文化的核心。

　　黑克托·圣约翰·克雷维科于1735年生于法国，在英国接受教育。他于1759年12月登陆美洲，而后在如今的橙县一带购买了一座农场。乡村的劳作和生活为他提供了观察和思考的机会，他将自己多年的农场经历以《一位美国农夫的来信》的书名，于1782年在伦敦发表。该书包括12封信函形式的散文，生动地描绘了美利坚的山川地貌、风土人情以及当时的社会状况。作者以亲身经历为基础，特别着眼于农场主的生活和自然环境的描述。该书发表之后，在英国和欧洲大陆颇受欢迎，成为美国早期浪漫乡土文学中的佳作之一。

克雷维科以《一位美国农夫的来信》一书享誉美国文坛，被称作美国文学的探路者。在该书于1981年再版的前言中，阿尔伯特·斯登甚至说道，美国文学始于一位美利坚农夫于1782年发表于欧洲的来信。由此可见，克雷维科被视作美国文学之父，绝非夸张之言。

《一位美国农夫的来信》第三章标题是："何为美利坚人？" 克雷维科是提出这一重大问题的第一人。作者指出，在美利坚，人们生活在自然状态下，每人拥有属于自己的财产，每人追求自身的幸福，人民不受暴君的统治，并且有选择宗教的自由。

克雷维科另有一部遗作，即《18 世纪美利坚散记》，为后人研究美利坚早期社会形态和人们的生活样貌，提供了颇为详尽的历史资料。1923 年，亨利·布尔丁（Henri L. Bourdin）在诺曼底惊喜地发现了克雷维科尚未发表的十几篇散文，随后便与另外两名学者合作，共同编辑了《18 世纪美利坚散记》，于 1925 年由耶鲁大学出版社出版。

　　《一位美国农夫的来信》文字优美质朴。克雷维科在书中写道："在火炉旁，我端详着自己的妻子，她不是在纺线，便是在打着毛线，或是缝缝补补，或是给我们的孩子喂奶。我的心中充满着爱、感激和自豪，常常情不自禁地泪流满面，万千思绪无以言表"（第 53 页）。克雷维科在书中对于马厩、蜜蜂、林中的鹿群等，都有着大段描写。他写道："春天里，欢唱的鸟儿给我带来的喜悦，大大地超出我的拙笔所能表达的程度，鸟儿动听的鸣啭，变换无穷，曲调永远是那般新颖。"在本篇的第 12 章中，让我们来欣赏克雷维科《一位美国农夫的来信》书中的两段译文。

埃尔多·利奥波德（Aldo Leopold, 1887-1948），美国威斯康辛大学教授、生态学家、林学家、美国20世纪环境保护运动的先驱人物，其代表作《沙乡年鉴》对当今全球的环境保护运动，特别是土地伦理、野生动物保护以及人与自然的关系，产生了巨大的影响。

利奥波德自幼热爱户外活动，早早地培养出亲近大自然的美好品德和细致观察动植物的卓越才能。1905年，利奥波德考入耶鲁大学主修林学专业，次年进入研究生班。1909年，利奥波德从耶鲁大学毕业，进入美国林务局，来到位于亚利桑那州和新墨西哥州的第三林区，担任阿帕奇国家森林的林业助理员。1924年，利奥波德被调往美国林务局位于威斯康辛州麦迪逊市的林产品实验室，担任副主任。1933年，利奥波德被任命为威斯康辛大学农业经济系野生动物管理专业教授，成为美国第一位野生动物管理学的权威学者。同年，他被任命为威斯康辛大学麦迪逊植物园的研究主任。

利奥波德有关大自然的写作，充满了一种感人的魅力。凭借他多年积累的专业知识、细致入微的户外观察，以及高超的写作能力，利奥波德将自然界的花草树木、飞禽走兽、山河湖泉统统联系在一起，将之置于一个统一的生态体系予以研讨。更为重要的是，利奥波德把他的生态思想升华为一个独创的土地伦理观。他把自己的观察、思考和论述记录成书稿，标题为《沙乡年鉴》。该书以日记的形式，记叙了威斯康辛私家农场在一年四季中的自然变化，用栩栩如生的文字，描绘出大自然之美和人类由于不当的生态观念所造成的巨大破坏。

1948 年初，利奥波德终于完成了书稿的写作，并与牛津大学出版社接洽了出版事宜。当年 4 月 21 日，利奥波德邻居家的农场发生野火，他立即前往帮助扑火。不幸的是，在扑火过程中，利奥波德突发心脏病而去世，享年 61 岁。为了完成父亲的未竟事业，利奥波德的儿子鲁钠在利奥波德教授的研究生的帮助之下，对《沙乡年鉴》的书稿进行了全面的校对，使这部伟大的作品于 1949 年出版发行。至今，《沙乡年鉴》已经总计出售 200 多万册，并被翻译成包括中文在内的十多种文字。

利奥波德教授酷爱大自然，虽然他是一位温文尔雅的学者，然而，当他义愤填膺时，却能够奋笔疾书，用犀利的言辞痛斥令人不齿的行为。1938年，有人从威斯康辛大学植物园偷挖了全州仅存的一株黄杓兰。针对这一恶劣行径，利奥波德投书威斯康辛州报，痛批那个盗花贼。在本篇的第13章中，让我们来欣赏利奥波德教授的公开信，感佩利奥波德教授痛斥偷挖野花的恶略行为，呼吁公众积极保护我们共同的家园。

温德尔·贝瑞（Wendell Berry），美国作家、诗人、农民、环保人士。他于1934年出生在肯塔基州的一个农民世家，自幼受到浓浓的乡土文化熏陶。1957年，贝瑞从肯塔基大学获得文学硕士学位，当年结婚成家。1958年，他参加了斯坦福大学文学创作短训班。1961年，贝瑞赴意大利和法国作访问学者。1962至1964年，他在纽约大学讲授英语。当贝瑞在学术和教学方面取得了相当的成就时，却义无反顾地做出了返回肯塔基家乡的决定。为了挽留这位才华出众的年轻学者，纽约大学的一位资深教授找贝瑞谈话，试图说服他留在世人景仰的大都会，在作家和出版商云集的纽约继续发展。贝瑞在他于 1969 年发表的"家乡的小山"（*A Native Hill*）一文中，对那次谈话回忆道："做出离开的决定使我思前想后——难道说我没有实现美国作家们几近传统的目标之一吗？我已经抵达了全国最大的城市；我拥有一份职业；我见到了其他的作家，与之交谈，向他们学习；我有理由希望自己的文学生活会在那里得到更大的发展。然而，我晓得，我依然没有逃离肯塔基，并且从未想要逃离肯塔基。肯塔基依然出现在我的作品之中，我意识到，我恐怕将在有生之年要继续写下去。肯塔基是我的宿命……更为重要的是，我依然深深地爱着我所出生的地方，想着要重新回到那里。"

1964 年，贝瑞开始在肯塔基大学教授文学创作课程。1965 年夏天，贝瑞夫妇全家搬到亨利郡肯塔基河西岸的一个面积为 12 英亩的农场，开始种植玉米和其它作物。经年累月，贝瑞的家庭农场不断扩大，后来扩展到 117 英亩（大约 47 公顷）。

亲身务农的生活经历，极大地丰富了贝瑞的农业实践经验，并且使他深刻思考美国农民、农村、农业以及大自然与社会经济之间的复杂关系。贝瑞将自己的思想和感悟统统写进一篇又一篇的作品之中。在 1969 年所发表的"河水上涨"（*The Rise*）一文中，贝瑞描写了肯塔基河两岸渔民和猎户的生活，痛斥了日趋严重的消费主义倾向以及向河内倾倒大量垃圾的污染行为。

在发表于 1980 年的"农场是怎样日渐边缘化的"（*The Making of a Marginal Farm*）一文中，贝瑞回顾了自己的成长历程，叙述了他和妻子从纽约大都市返回肯塔基家乡的经历。回归乡间生活所带来的喜乐与困苦，在贝瑞的笔下变得那样亲切和感人。

贝瑞在文章开头回忆道，他于 1956 年夏天行将离开家乡赴外地读书之前，站在肯塔基河边，望着脚下绿茵茵的河谷、近前的农田、远处山坡的草场和树林、头顶盈盈的蓝天，想到自己曾祖父的爷爷于 1803 年来到这里，繁衍出一个农民世家。他在文中写道，儿时的记忆在自己心中种下了眷恋乡土的种子，正是这种浓浓的恋土情节，将他和妻子重新带回肯塔基河岸边。

贝瑞通过描述自家农场土地的退化和农场经营的艰难，表现了美国农村和农业所遭受的商业大潮的冲击和挤压。与此同时，贝瑞尽力宣传他崇尚自然的理念，用自己切身的故事讲解有机农业、土地保育、爱护森林的益处。他在文章的结尾表示，一个人用自己的一生去耕种一片土地，是一个极为艰苦的命运，但从久远的意义来说，这是人类的命运。说到底，能够毕生务农，最后能够支撑下来的力量，唯有对土地深深的眷恋。

　　在本篇的第14章中，让我们来欣赏贝瑞"走进丛林"中的几段译文，领略作家从森林的幽静中所感悟到的怡情意境。"走进丛林"一文表现了作者对于大自然的宁静和促进身心健康之重要作用的亲身体验。在文章中，读者能够从贝瑞笔调由暗黑到明亮的变化，跟随作者通过观察大自然的林草水石而找到重生和康复的途径。在文章的开始，作者描述说，他离开文明世界已经有一段时间，为自己失去了曾经熟悉的人际环境而感到一种不可名状的悲伤。这种伤感一部分来自于暗密的丛林，另一部分则来自于远离城市喧嚣的生活所产生的内心的空荡。最初走进丛林时，四周的寂静使作者感到寂寞，体外的环境和内心世界，都弥漫着黑暗和深深的死寂，于是，作者感觉自己被孤独和伤感所笼罩。然而，当走过一段艰难的道路之后，特别是，当一缕缕阳光照射进丛林时，作者产生了一种全新的感觉，他开始发现大自然的美妙，并且开始重新认识自己的处境。顿时，他的心情变得豁然开朗，林中的光亮和他的心情相互作用，他发现了大自然的魅力，他懂得了大自然的健身功效。

纽约时报曾称赞温德尔·贝瑞是"美国乡村的倡导者"。2010年，奥巴马总统向贝瑞颁发了"国家人文奖章"，以表彰贝瑞所做出的促进美国乡村生活的重要贡献。

第 12 章 美丽的蜂鸟

节选自《一位美国农夫的来信》
（第 57-58 页）

作者：黑克托·圣约翰·克雷维科

当闲暇时，我常常会去洼地散步，我喜欢去看我的牲畜、高马和小马驹。田地里茂盛的青草，是我的财富的最佳体现。我在田间挖了一条八英尺宽的沟，每年春天，大自然为沟边送来野沙仑以及其它开花的野草，在这片肥沃的土地上，长得老高老高的。我在沟上建了一座桥，满载的马车在桥上走过都没有问题。每年，我小心翼翼地撒些火麻种子，能长到 15 英尺高，又粗又壮，枝条多得像小树似的。有一次，我攀上一株火麻，爬到四英尺高的地方，这些火麻长成天然的拱门形状，外加许多一年生的藤曼密密麻麻地缠绕着，枝桠和藤曼互相缠在一起，能够遮成大片宜人的荫凉。在这片火麻林中，我有上百次自娱自乐地欣赏我们乡间大批的蜂鸟。四处盛开的野花吸引着这些蜂鸟的关注，它们像蜜蜂一样吸吮着花蜜。我远远地看着蜂鸟们的千姿百态，然而，它们相互之间的打斗动作太快，你分不清是谁的翅膀抽打了谁。大自然在这些蜂鸟身上毫不吝惜，给它们浓墨重彩，最漂亮的天蓝色、最美丽的金色、最为耀眼的红色，鲜艳的色彩永远有着亮丽的反差，将蜂鸟头部的羽毛装饰得崇高而又庄严，最佳的彩绘大师，用最富丽的调色板，也休想勾调出蜂鸟所展现出来的变换万端的色彩。蜂鸟细长的小嘴，像一根粗缝纫针那样又长又尖。像蜜蜂一般，大自然教会了蜂鸟在花萼和花苞中寻找到那些蜜粒，作为其充足的食物，蜂鸟吃得好像不曾触动过似的，让人的肉眼啥都看不出来有任何异样。蜂鸟觅食的时候，好像纹丝不动，翅膀始终定在空中。有时，出于什么我所不知的动机，蜂鸟会把花朵撕开，扯成上百个碎片。真叫奇怪，蜂鸟们是鸟类中最为暴躁的一类。那么小小的身躯，哪还有地方容纳爱心呢？它们常常像暴怒的狮子似地打斗，直到其中一只惨败而亡。待疲惫不堪时，蜂鸟停留在离我只有几英尺的地方，有这等好机会，我得以细细地观察。蜂鸟的小眼睛像水晶似的，每侧都反射着亮光，所有的部位都那么精巧，它真是我们的天父所创造的小巧玲珑的佳物，似乎将之造就成了最小、而又最为美丽的带翅物种。

（译者：王　森）

第13章 致一名野花挖掘者的信

上周有人从文格拉树林中挖走了我州迄今仅存的一株黄杓兰，兹借用州报专栏一角，本函是写给那个未留下姓名的盗花者。

尽管你的名字无人知晓，而你的行动足以描绘出你的低劣人格或者你所受到的欠缺教育水准。假设你只是缺乏教育而非人格的原因，我才写给你这封信。本函同时写给所有那些自家花园里突然绽放了从别人树丛中新近挖走野花的人士。

两代人以前，约翰·穆尔来到了麦迪逊地区。那时，这里的森林和沼泽中长满了成千上万株几十种皇后杓兰。如今，由于排水、火灾、养牛、农耕，还有诸如尔等野花挖掘者种种原因，这些种类中的十几个已经绝迹，余下的种类变得十分罕见，以至于大众从未有幸目睹过。

约翰·穆尔从他的野花中获得了喜悦和富有价值的思想。他成为一位伟人，似乎他的野花发挥了一定作用。有理由相信，当今一代人也同样能够从野花中得到乐趣，收获价值——如果还能剩下些许野花的话。然而，没有谁，即使也包括你本人在内，能从这株在你家花园中行将凋零的皇后杓兰获得任何有价值的东西。

威斯康辛大学有一个说法，或许是个愚蠢的说法，认为有幸看到生长着皇后杓兰的树林与教育水准有关。为此，大学建立了一个植物园。希望植物学专业的学生能够到那里观赏威斯康辛在其初年——约翰·穆尔青年时代的样貌，希望藉此会让学生们不要满足于威斯康辛眼下的状态。如今可好，由于你，文格拉树林朝着全州别的地方千篇一律的样子又跨近一步。诚然，我们带领学生去植物园时，他们仍能学到许多东西，有人或许会说："这里曾经有过一株皇后杓兰。"

假如你不介意个人的隐私受到侵犯的话，我们可以带领学生去你家后院，让学生们看看你把皇后杓兰种在了何处，了解这株野花在其新家茁壮成长得怎样。

至于茁壮成长，我这里有几点你大概不知道的东西：

在人为条件下，让这类皇后杓兰的种子成功发芽者，迄今只有一人。要创造出令其发芽的必备再生条件，则需要一位造诣深厚的化学家方能做到。在森林的野外条件下，再生有时候是可能的，但在后院里种植成功的可能性是零。种苗成活之后，需要四年时间才能开花。你认为你的皇后杓兰将在你家后院实现再生吗？

我们植物园的宏愿之一，是运用化学界的新发明来培育这种野花，换言之，通过搞一个"皇后杓兰苗圃"，让文格拉树林，甚至整个威斯康辛州的森林都能够重新长满皇后杓兰。

为了实现这一目标，我们已经聘请到依然在世的唯一懂行之人，他已经准备好大显身手。但现在，你拿走了他的种源，虽然我们可以寻找其它植物，但用不了多久，成百上千像你一样的野花挖掘者会有样学样，到那时，能下金蛋的大鹅早已死去。我们得分秒必争。

我要提请你关注的事实是，这株皇后杓兰并非是你为了装点自家而可能顺手牵羊的唯一公共财物。学生活动中心内许多幅画作，在无人察觉时，你可能切开画框，将画盗走。我敢说，那些画比不上你的花那样美丽，况且，那些画损失掉之后，可以更为容易地得以替换。在历史博物馆里，有哪些像你的花那样无可替换的物品——你为何不拿几件，也放进你收藏品之中呢？

　　我期待着你的回复，如果你默不作声，我要告诉你：鉴于你的行为，你的朋友和邻居会指认你破坏公物的行径。你不把偷窃皇后杓兰当作破坏公物，我让你自行决断，那是不是肆意破坏财物的行为。

埃尔多•利奥波德

威斯康辛大学植物园研究主任

1938 年 6 月 7 日

（译者：王　森）

第14章　走进丛林

节选自温德尔·贝瑞《1965-1980 散文集》（第726-727页）

在树林中穿行，你永不可能看得很远，不管向前看或是向后瞧，因此，你走呀走，不晓得走向哪里，亦不知晓自己走得多快多慢。你钻过半空中的枝叶，好似鼹鼠钻透地下的根茎。山岭上偶然透出一线视野，给你莫大的解脱，终于找回某种方向感，那可永远不是单单的"风景"，那是高速路边拐角处所能看到的场景。

小径离开山脊，顺着小溪溜进溪谷。夜深清冷。我稍稍停步，饮两口清凉的溪水。小径爬向下一道山梁。

年已过半。山坡上秋天的枫林和橡树还未迸发出亮丽的色彩。有些乏味的树木已经开始落叶，萧萧落叶像退却的潮水，开始滚下崖面，溜下山坡。森林大多处于平静之中，情绪颇为低落，好似生存的压力日渐增大，白天的温暖来日无多，冬季的寒冷似乎迫不及待。

我在树林中穿行着，一只老鹰从橡树的低枝飞去，窜上树尖。时而，一只白胸鸭从林中某个地方发出清脆的叫声。有两次，我停下脚步，端详一只灶鸟。前面几英尺的地点，树叶里突然出现动静，然后又恢复平静。我走近前探究，却毫无所获。无论发生的是什么，随即消失，快过举手转眼之间，如影隐没。

　　午后，我离开了小径。至此，我沿着蜿蜒的环形小路，走完了大约四分之三的路程，之后就将回到出发地点。我转弯走下小溪的一条无名岔道，那里有我的帐篷，我开始了全天里最可爱的一段路程。小径毫无足迹可循。几乎每一步都走在溪边，踏着一块又一块石头。来来回回跳过水流，脚下是石块和木条，每走几步就得寻找插脚落足之处。溪流顺道而下，在石块和原木之间见缝插针地汩汩流淌，水花冲出小瀑和湍流。数个路段，杜鹃灌丛低垂下来，我只好止步。杜鹃林上面压着黑忽忽的高大铁杉树冠，小溪两侧遍布着蕨类植物，到处绿毛茸茸。穿过这条绿色隧道，溪水哗哗地漫过一块块大石，盖过密林中秋天的合唱，好像一切都深深陷入生命之声的甜美沉思之中。

一汪汪清水剔透见底，若非树影和波纹，你几乎不会留意那里的溪水。鱼儿好似在空中游弋。水面没有漂浮的树叶，完全说不清哪里水面最平。我走近一处水洼，小鱼随意跃出水面，我静立观瞧，小鱼再次跃出水面，鱼儿的身影飞过石块，后又沉入水底。此时，我已走进树林的中央，已经远离高速公路，听不到任何车轮的响声。四周一片宏大深深的秋天沉寂中，几只昆虫哼出夏日的梦幻曲。突然，一只鹪鹩在密林下唱起歌来。一只红胸鸲挪步，边唱边一头冲向核桃树干。一只灶鸟钻出铁杉树枝，向我打量，充满了好奇的样子。小鱼跃出水洼，干脆利落地转着身段，鱼儿的身影令我目不暇接。当我探身把水杯侧入水面时，鱼儿四散不见。我喝了两口溪水，继续向前。

（译者：王　森）

第六篇　　海边的美国

海滨是一个古老的世界，古老得与大地和
大海一般悠久，水陆在此相会。

蕾切尔•卡尔森

　　大海是生命的摇篮，广阔无垠的海洋
蕴含着巨大而神秘的力量。亿万年前，当
地球上的陆地仍然处于一片荒芜之时，浩
瀚的海洋已经开始孕育生命。

　　漫漫海滩是哲人沉思默想的九曲回
廊，是作家文思泉涌的梦幻乐园。美国自
然文学作品中，不乏描写大海和海滨美景
的佳作。沃尔特•惠特曼，（Walt
Whitman, 1819-1892），被公认为美国最
伟大的诗人之一，他倾心创作的《草叶
集》，成为美国诗歌界的经典。《典型的
日子》是惠特曼的一部散文集，原作发表
于 1882 年。"海滨奇景"是一篇文字异
常优美的散文，让我们在本篇第 15 章中
共同欣赏美国的草根诗人是怎样赞美海滨
的景象。

亨利·贝斯顿（Henry Beston，1888-1968），以其著名的作品《边远的小屋——鳕鱼角海滩的一年生活》（*The Outermost House: A Year of Life on the Great Beach of Cape Cod*），而蜚声美国自然文学界。

在美国东海岸马萨诸塞州巴恩斯特布尔郡的最东端，有一个呈钩子形状的海角，伸进大西洋百余公里，那便是举世闻名的鳕鱼角，又称科德角，这里是美国本土的最东端。1849 年的深秋，亨利·大卫·梭罗曾经到此一游，漫步在 50 公里长的海滩上，之后将所见所闻写成了《鳕鱼角》一书。

1924 年夏天，36 岁的亨利·贝斯顿第一次来到这里，顿时便喜欢上了鳕鱼角的海滩。次年，他购买了岸边大约 50 英亩的沙丘地，亲自设计，并请邻居帮助建造了一个两室的小木屋，用作度假的居所。木屋面积近 30 平方米，大屋作为客厅兼厨房，小屋用作卧室。为了解决饮用水的问题，贝斯顿深挖沙丘，打了一眼水井，水质甘甜。他在室内还安装了壁炉，因此，整座房子可供全年使用。贝斯顿给木屋冠名"艏楼"（*Fo'castle*），整个木屋安装了 10 个窗户，能够远眺大西洋以及海滩全景，贝斯顿感觉自己的房子好似一艘航行在大海上的帆船。

1926 年 9 月，贝斯顿来到木屋，原本准备只呆两个星期。当两周假期结束时，他久久不肯离去，于是便住了下来。度过了寒冷的冬天，经春历夏，直到 1927 年入秋时节，贝斯顿才带着写下了一整年海滩生活的几本日记离开鳕鱼角。这些日记只是真实地记录了一年海滩独居生活的所思所想，并未形成完整的书稿。不久之后，他向女友伊丽莎白求婚，女友明确表示："不写出书而且发表，就不结婚"。在未婚妻的鼓励和支持下，贝斯顿的《边远的小屋——鳕鱼角海滩的一年生活》于 1928 年秋天发表，两位恋人于次年 6 月完婚。

起初，《边远的小屋》并未引起多大关注，但随着岁月流逝，受到越来越多的读者青睐，到 1949 年，共再版 11 次。如今，贝斯顿的《边远的小屋》，已经成为继亨利•大卫•梭罗所著的《瓦尔登湖》之后的又一部倡导简约生活、赞颂大自然之美的自然文学经典之作。《静寂的春天》的作者蕾切尔•卡尔森曾说，贝斯顿的《边远的小屋》，是真正影响她文学创作的最佳作品。

《边远的小屋》是一部文字极其优美的自然文学作品。当时的贝斯顿风华正茂，才华横溢，他历经秋冬春夏，纵情于漫漫海滩和沙丘之上，独居脱离闹市的自然环境长达一年之久。作者有充裕的时间，悠然观察各种海鸟的飞翻跳跃，欣赏秋日洒满海滩的余晖，眺望冬天风暴掀起的滔天巨浪，思索夏夜点点繁星的万般奥秘。贝斯顿在写作和日后对文稿的修订时，达到忘情的程度。他的妻子曾透露说，丈夫为了追求文字和意境的完美，常常废寝忘食，为了一句话而字斟句酌，苦思冥想，甚至能花费整个上午对一小段文字修来改去。

阅读《边远的小屋》，是一种精神上的高度享受，各个章节如诗如画的描述，让人赞叹不绝。美国自然文学中有一个按照四季变化而写作的传统，例如，苏珊·库珀于 1850 年发表的《乡间的钟点》、梭罗于 1854 年发表的《瓦尔登湖》、穆尔于 1911 年发表的《我在塞拉山的第一个夏天》、利奥波德于 1949 年发表的《沙乡年鉴》、库鲁奇于 1949 年发表的

《一年十二季》，等等；贝斯顿的《边远的小屋》也属于此类风格。

贝斯顿自我定位是一位自然学者兼作家，正如他本人所言，诗歌有如科学一般强大的力量，能用来揭示大自然的奥秘。在《边远的小屋》第一章"海滩"中，贝斯顿写道："如今的世纪极度缺乏最基本的东西，伸手烤不到火，没有井可从地下往上打水，缺少好空气，脚下可爱的大地也变了样子，真是病到了血液之中"（第10页）。正因为有了这般认识，贝斯顿才有勇气和毅力，在边远的鳕鱼角海滩的小木屋中，独自生活了整整一年时间，去体验什么是真正的生活。

在《边远的小屋》第八章"海滩的夜晚"的开始，贝斯顿写道："我们出色的文明已经与自然的许多方面相脱节，脱节最为彻底的莫过于夜晚……随着越来越多的灯光的无所不在，我们将夜晚的圣洁和美丽驱赶进了森林和大海；小村庄，甚至十字街头，都不再拥有夜晚"（第165页）。

顺便一提，《边远的小屋》在华文世界已有若干个译本，有译者将书名翻译为

"遥远的小屋"、"世界尽头的小屋",等等。1953 年出版了一个法文版,书名为 *Une Maison au Bout du Monde*,直译确实是"世界尽头的小屋"。然而,依我之见,"边远的小屋"能够更为贴切地表达出英语"*Outermost House*"的含义。

1964 年,贝斯顿的小木屋及其所在的沙丘被马萨诸塞州政府命名为"国家文学地标",贝斯顿抱病参加了在木屋前的纪念活动。贝斯顿去世十年之后的 1978 年 2 月上旬,一场超级"东北风暴"席卷整个新英格兰沿海地区。贝斯顿的小木屋未能幸免,被大西洋的滔天巨浪所吞噬。然而,时至今日,《边远的小屋》依然挺立在美国自然文学的畅销书排行榜中。

在本篇第 16 章中,让我们来欣赏《边远的小屋》中的第 10 章"沙丘升起猎户座",领略让贝斯顿流连忘返的鳕鱼角海滩美景。

蕾切尔•卡尔森(Rachel Carson, 1907-1964),在美国环保界享有崇高的声誉。她于 1962 年发表的《静寂的春天》(*Silent Spring*)具有划时代的意义,学术界普遍认为,这本书标志着美国环保时代的开端。虽然人们熟知《静寂的春天》，但许多人并不晓得，卡尔森曾经是一位海洋生物学家。她的大海三部曲，即《海风徐徐》（*Under the Sea Wind*, 首次发表于 1941 年）、《沧海茫茫》（*The Sea Around Us*, 首次发表于 1951 年）、《大海的边缘》（*The Edge of the Sea*, 首次发表于 1955 年），奠定了卡尔森作为"大海的诗人"的崇高地位。

在本篇第 17 章中，让我们来欣赏《大海的边缘》节选，感受卡尔森博大精深的海洋知识、优美流畅的语言、特别是她的大海般的胸襟。

第 15 章　海滨奇景

《典型的日子》节选（第 95 页）
作者：沃尔特·惠特曼

　　当我还是孩童的时候，就有一个幻想、一个希望，要写一篇关于海滨的文章，或者一首诗，把海水的分割线、海陆的相接之处、交汇地点，坚实与流动的美妙结合，那种好奇而潜在的东西，（毫无疑问，每一客观形态最终变成主观精神），其意义远超第一视觉，场面壮观，现实与理想相融合，浪浪相接，把所有这些都统统描绘出来。我在长岛所度过的青春岁月和成年早期的日子里，曾痴迷于罗卡威海滨或科内岛的海岸，亦或汉普顿或蒙托克的东侧。有一次，在蒙托克，（在一个老旧的灯塔下，放眼望去，四处海涛茫茫），我清楚地记得，我感觉得到，有朝一日，我一定要写一部书，表现出这一流动而神秘的主题。后来，据我回忆，并非任何特殊的抒情或史诗般或文学性的尝试，海滨所给予我的应该是一种无影无踪的**影响**，一种渗透进我的作品的表盘和标签。（在此，让我给年轻作家一个暗示。虽然不敢确定，但我在不知不觉中遵循着同一原则，无论是大海和海滨，或是其它巨大的力量——我的原则就是避开这些力量，用诗词讴歌死神般的方式，由于这些力量太过巨大从而难以驾驭，假如我能够间接表现出，我们曾经相会，相互融合，即使只有一次，那便足矣，我们确曾相互吸引，彼此相互理解，若能写出这些，那样的话，我便心满意足。）许多年来，不时，（有时持续许久，肯定不止一次），我的眼前悄无声息地出现一个梦想、一幅图画，我确信，尽管属于虚构，但这个梦想、这幅图景，已经深入我的现实生活——肯定进入了我的作品之中，改变了我的作品的形态和色彩。那一景象大致是一条断断续续的白褐色沙滩，既硬又平又宽，海洋永无止境地、恢宏壮观地涌上岸边，用缓慢而富有节律的推进，用沙沙和嘶嘶声以及白色的浪花，好似许多只拇指在低声敲打着无数面大鼓。这一场景，这幅图画，我要说，多年来时常浮现在我的眼前。有时，我在深夜醒来，能够清晰地听到、看到这幅图景。

（译者：王 森）

第16章 沙丘升起猎户座

节选自《边远的小屋》第十章
（第214-218页）
作者：亨利·贝斯顿

　　转眼间到了八月底，月末的最后一个夜晚星空熠熠，我好想头顶繁星，睡在空旷的海滩之上。夏天中有些夜晚，黑暗和退却的潮水让无处不在的海风安静下来，这个八月的深夜万籁俱寂，星汉灿烂。我的房子南侧，沙丘的大扇面和高地的竖墙之间，有一处朝向大海的隐蔽空场，我像水手那样肩上扛着毯子，向那个角落走去。星光照耀着宽阔而又孤寂的海滩，那个小空场反而暗了许多，地表依然留有白天日照后残存的温暖，很是惬意。

　　我睡得很不踏实，像露宿室外时常常醒来一样。周围隐约的大墙世界，散发着沙滩的香甜气味，四处悄无声息，身体上方不规整的草圈像在室内似的纹丝不动。过了数个小时，又一次醒来，我感到凉意四起，听到海浪低弱的声音由远及近。夜还很深，我睡意消散，完全不能重新躺下，我穿上衣服，向岸边走去。在夜光闪烁的东方，两颗巨星斜刺里从深夜和海洋所涌动着的黑暗中冉冉升起——那是参宿四和参宿五，猎户座的左肩和右肩两颗明星。秋天来临了，巨星再次伫立地平线，目送岁月流逝，猎手的三星腰带隐于云团之间，猎手的双脚深陷于太空和茫茫沧海的巨浪之中。

我在海滩的一年时间兜转了整整一圈，我该关门走人了。望着天上的恒星，我想起上次在春天看到它们时曾经记录下来，四月里西边的旷野上，它们徐徐隐没在光亮之间。我在漆黑的十二月份，也曾看到过铁幕般的海浪上远远闪光的大星。此时，猎手再一次升上天空，将夏季驱赶向南，又一个秋天接踵而至。我见识了太阳的仪式；我分享到了基本元素的世界。记忆的幻影开始成形。我看到了大风暴的雨雪又一次斜斜地砸向微弱月光下的草地，巨浪在远滩沙洲上的狂泻，十月晴空中高飞的天鹅，沙丘上血红的落日和华美的燕鸥，岸边如云般的鸟群到来时的壮观，蓝天中独自飞翔的苍鹰。因为我已经认识了这一边远而神秘的世界，顺其自然地生活过，平生不曾有过的巨大而深深的敬畏和感激之情，占据了我的身躯，其它的情感则一扫而光，生命中的空间和沉默，顷刻间聚拢在一道。而后，时间像云朵一样再次聚集，此时，星星开始变暗，海上的夜色依然苍茫。

自从去年九月的那一个早晨之后，十二个月的时光已经过去。有人问过我，那般奇异的一年生活，使我对自然的理解产生了怎样的看法？我要回答说，首要的感触是意识到，造物的进程依然在继续，今天的创作之力丝毫不减当年，明晨将会像以往一样英勇豪迈。此时此刻，创造正在此地发生。人类距离充满创造力的盛会咫尺之遥，人类置身于无尽的伟大实验之中，人所瞥见的每一个瞬间，不过是某一时刻的体现，是时间可否存在之纷争的轰鸣交响曲中某一单独的音符罢了。诗歌对于理解的必要性不亚于科学，不知敬畏的生活是万不可能的，就好比生活不能没有欢乐一样。

那你说，关于大自然本身——那台麻木不仁、冷酷无情的机器，那只血盆大口、青面獠牙的巨兽呢？大自然可不是你所想象的那样一台机器，至于说"血盆大口、青面獠牙"，每当我听到这一词汇或咬文嚼字的说法时，我知道，有些过客一直是从书本里了解何为生活。诚然，生活中确实有灰暗的安排。用任何时髦的人类价值观念对生活做出评判都要当心。而且，你要期待着大自然会像走进你的房间，坐在一把椅子上似的，对你的价值观逐条地回复。自然之道，自然界的互相制约和平衡，生命中大大小小、形形色色的相互竞争——凡此种种，无一不是自然的伟大魅力，并有其自身的伦理。活在大自然的怀抱中，你将会很快发现，所有那些非人类的韵律，毫无痛苦所言。当我写作时，我想到了我的那些岸边可爱的鸟群，想到它们的美丽和它们活生生的激情。假如果真存在恐惧的话，还要知道，大自然有着不可预料而又不被领情的慈悲。

无论你自己持有怎样的人生态度，要知道，你人生观的效果难以逃脱你对大自然态度的影子。人的一生常常被比喻为舞台上的一个场面，更正确地说，人生不过是一个仪式而已，作为支撑的尊严、美丽与诗歌这些古老的价值观念，是大自然的灵感，它们来自于世界的神秘和美丽。除非你有意羞辱人类的精神，否则，不可让大地蒙受耻辱。像伸手烤火一样，向大地伸出你的双手。对于所有热爱大地，向大地张开血脉之门的众生，大地会赋予你她的力量，用她自身无可估量的深色生命的震颤，托起你的一切。触摸大地，热爱大地，为大地以及大地上的平原、河谷、山丘和大海增光添彩；让你的精神安卧在大地孤寂之处。生命的礼物属于大地，人人有份，这些礼物是破晓的鸟儿的欢歌，是猎户座和大熊座的星辰，是海滩所望见的大洋之上的黎明。

（译者：王 森）

第 17 章　边际世界
节选自《大海的边缘》第一章
（第 1-2 页）
作者：蕾切尔·卡尔森

　　大海的边缘是一个奇怪而又美丽的地方。在地球的漫长历史进程里，这一地区永远处于动荡之中，海浪剧烈地拍打着陆地，海潮汹涌向前地压迫大陆，退却，然后再次回返。每一天的海岸线与前一日都不相同。不仅潮水以其自有的永恒节奏起伏退缩，而且，海面本身也从未安宁过。随着冰川的消长，深海盆底泥沙的沉积，或大陆边缘地壳的应对张力和挤压所产生的上下扭曲，海面起起落落。今天，大海可能淹没一小块陆地；明日，又可能让出一小块沙滩。永远永远，大海的边缘处于难以捉摸和无以界定的状态。

　　海滨有着双重属性，随潮起潮落而变化，忽而属于陆地，忽而又归于大海。低潮时，海滨晓得陆地世界的坚硬之极，任凭酷暑严寒、风吹雨淋以及骄阳的暴晒；高潮时，那里是水的世界，短暂地回归外海的相对稳定。

只有最为顽强和善于应变者，方能在如此变换莫测的地区存活，然而，潮水线之间聚集着大量的动植物。在如此困难的海滨世界，生命呈现出巨大的坚韧与活力，占据了几乎每一处可以想象的洞坑。放眼可见，潮间地带的海滨，生命遍布礁石、裂缝和罅隙之间，有时显而易见，有时若隐若现，有时隐匿于巨岩之下，有时潜伏在海蚀洞中的潮湿幽暗之处。隐而不可见，漫不经心的观望者可能会说，四处并无生命迹象，而生命深藏于沙滩之下，洞穴深处、管体和通道之中。生命能钻入坚硬的岩石，挖通泥炭层和粘土带。生命能附着于野草上，镶嵌在移动的晶石体或龙虾坚硬的外壳上。微小的生命体，以细菌薄膜的形态遍布于岩石表面或码头的桩基之上；细如针孔般的原生生物体，在海面上闪闪发光；有如小人国的生灵，游弋于细沙之间的黑暗水滩之中。

　　海滨是一个古老的世界，古老得与大地和大海一般悠久，水陆在此相会。然而，这又是一个生命不断得以创造、顽强向生的世界。每当我走进这一世界，便对海滨的美丽及其更加深层的含义增添某种新的认知，感佩错综复杂的生命结构中物种之间彼此相连，生命体与周围环境之间不可分割的关联。

生生不息的大海

节选自《大海的边缘》第六章
（第 249-250 页）

　　此时，我听到周围海涛四起。入夜，潮位升高，我的书房窗外，迷蒙的海潮打着阵阵漩涡，拍打着礁岩。雾霭从外海飘进海湾，笼罩着水面和岸边，渗进云杉树丛，悄然潜入刺柏和杨梅林。躁动的潮水，雾霭湿冷的气息，在这一世界里，人类是心慌意乱的不速之客。人们使用雾号，不断地打破深夜的沉寂，发出阵阵呻吟和哀怨，宣扬大海的威力和悚然。

　　我耳畔响起海潮的升涌，知晓海水此时也在拍打别处的海岸——潮水涌上南岸，那里毫无雾气，一轮明月照亮海浪，呈现出一道道银边，摇曳的月光轻轻抚摸着湿乎乎的沙滩。海岸的远端，海潮一浪又一浪地涌上月光如洗的礁石顶端和珊瑚岩暗黑的洞穴。

在我的脑海里，这处处海滨，本质各异，支持着各自独有的气息动物，联通这一切的是大海的无往不至的抚摸。此时此刻，我所能感知到的差异，仅仅是一时一刻的异动，皆由此刻我们所处地点的海涛经久不息的韵律所致。我脚下的礁石海岸，曾几何时是平坦的沙滩，后来，大海跃升，找到了一条新的海岸线。而后，在不甚了了的未来，浪涛会将这些礁石碾得粉碎，使海岸重回沙砾，海岸还原至早先的状态。因此，在我的心灵之窗，各处海滨的种种形态交相合并，处于变换的万花筒似的图景永无终了，绝非一成不变的固态——大地变成大海一般的流体。

　　形形色色的海滨回荡着过去和未来的声响；时间的流动，抹去却又承载着一切的过往；大海的永恒韵律——海潮、浪头的搏击、激流的汹涌奔腾——将生命的溪流塑造成万般变换而又霸气十足的形态，海洋的激流毫不留情地从过去涌向未知的将来。随着海滨的构造不断变换，生命的规律随之而变，永无止境，年年不同，岁岁相异。每当大海造就出一条新的海岸线，载有生命体的海浪冲上岸边，试图寻求落脚之处，建立新的群落。由此，我们渐渐视生命为一股有形的力量，犹如大海的每一个实体存在，一股强大而目的明确的力量，涨潮时，这股力量摧枯拉朽，势不可挡。

　　思索着海滨的众多生灵，有某种超出我们掌控的宇宙真理，领悟这一真理的传播令人感到不安。成群的矽藻，在漫漫黑夜中发出的点点光亮，熠熠闪烁，这些光亮暗示了何种信号？藤壶大军在海礁上筑起白茫茫的巢穴，任由海浪拍击，每个穴点中总能找到生存的必备物品，这又是何种道理？原生质体那一缕缕小得出奇的海藻，其生存的某种原因，对于人类来说实属高深莫测——其存在的理由，需在海滨万千座岩石和水草中寻求。凡此种种，其寓意困扰着我们，难以捉摸，在寻觅这一寓意的过程之中，我们探求着*生命*本身的最终奥秘。

（译者：王　森）

第七篇　山高水长——走向太平洋

我所言之西部只是狂野的代名词罢了。

亨利·大卫·梭罗

阿齐博尔德·麦克利什（Archibald MacLeish，1892-1982），美国诗人，在他于1930年创作的"美国来信"（*American Letter*）一诗中写道："美利坚即是西部，强风劲吹"。这句名言大有"东风自古西吹去"的豪迈。19世纪的美国，是一路向西拓展疆土的世纪，一波又一波"西进"的浪潮，将成千上万名来自美国东部乃至欧洲许多国家的新移民，带到了一片陌生而又神奇的土地。

美国的"西进"运动，有千千万万个故事可讲，而首先值得一提的事件，应是19世纪初年的"刘易斯与克拉克"探险队的历程；另外一件需要提及的事情，是19世纪行将结束时弗雷德里克·杰克逊·特纳（Frederick Jackson Turner）于1893年所发表的《边疆在美国历史上的重要性》一文，在这篇论文中，特纳做出了美国西部边疆已经拓展殆尽的著名论断。

"刘易斯与克拉克"探险队的故事要从美国第三任总统托马斯·杰佛逊说起。1803年春，新上任不久的杰佛逊总统任命美国步兵上尉梅利伟瑟·刘易斯（Meriwether Lewis）为队长、美国炮兵少尉威廉·克拉克（William Clark）为副队长，率领一支探险队远赴西部边疆。探险队包括4名士官、2名翻译、25名随从以及3名其他人员。美国国会为此次探险活动批准了共计2500美元作为专用经费。1803年8月末，探险队从匹兹堡出发，沿俄亥俄河顺流而下，在密西西比河与密苏里河交汇地整修越冬。1804年5月中旬，探险队启程，开始了长达2年4个月、往返行程8千英里的"发现之旅"。

探险队有三个主要任务：第一，为美国确保持久的皮毛贸易而与西部的印第安部落交好；第二，勘查西部地形地貌，为日后的农业发展做好准备；第三，寻找通往东印度的便捷通道。为了实现杰佛逊总统所规划的目标，刘易斯和克拉克率领探险队，由美国东部出发，跨过密西西比河，穿越大平原北线，上溯密苏里河，翻越落基山，顺哥伦比亚河而下，最终抵达太平洋岸边。虽然刘易斯和克拉克的探险队并未实现杰佛逊总统的全部目标，但探险队带回来大量资料并收集到许多宝贵的标本，为日后的几次探险，以及19世纪后半叶大规模的"西进"运动，奠定了坚实的基础。

美国的"西进运动"是一个持续百年之久的进程。1776年美国独立之后，一代又一代移民，先是翻过阿帕拉契亚山系，来到俄亥俄州、肯塔基州以及田纳西州，在密西西比河谷安家落户，这一进程在杰佛逊总统于1803年从法国手中购买了路易斯安那大片土地之后，加快了脚步。在其后的半个多世纪里，美国的中西部地区出现了成百上千个农场，昔日的草原变成了绵延千里的耕田。

1846年，美国与大英帝国签订俄勒冈条约，确立北纬49度线为美国与英属加拿大从落基山以西至太平洋一段的国界，该条约使美国获得对日后的俄勒冈、华盛顿、爱达荷以及蒙塔纳数州的管辖权；而英国则保留了温哥华岛以及哥伦比亚河的部分航运权力。

19 世纪中叶美国南北战争结束之后，更多的移民踏上西进之路，遍布美西各地安家落户。1890 年，美国人口统计结果表明，美国大部分的可耕地已经分配完毕。在 1893 年的哥伦布博览会期间举行的一次会议上，历史学家特纳宣布，美国远西边疆已经没有地方容纳新的移居者。特纳在他的论断中，将"西进运动"说成是形成美国政治和社会制度乃至国家性格的最为重要的元素。西部在形成美国人性格方面起到了非常重要的作用，特纳的大胆论断对于美国学界乃至整个社会，起到了极其重要的心理影响作用。

美国人对自身形象的认知，要归功于 19 世纪下半叶的扩张性冲动，而这一冲动被许多学者定义为美国最重要的国家特征之一。事实上，这一特征是若干特质的集合物。信奉勤劳、进步，并对未来充满期盼，是美国国民性的总体表现。时至今日，许多美国人依然存有一种所谓的"西部边疆精神"，认为"狂野的西部"这一观念，是美国民族特性的核心内容。

在很长一段时间里，美国形成了一个大致的三分天下，即东部的城市形态、中西部的田园风光色调，以及狂野的西部。

从美国建国到 20 世纪中叶，东部的思想在美国的文化中，占据着支配的地位。随着美西经济的崛起，特别是进入电子时代之后，加州和西北太平洋地区实现了强劲的发展。虽然西部的经济实力开始能够抗衡东部，但从文化层面来说，东部的力量依然强大。但从自然的重要性来说，西部是美国的国家符号。可以这样讲，美国的国家符号，对于外国人来说，不是纽约的自由女神像，也不是芝加哥的帝国大厦，而是密西西比河以西巍峨的落基山、科罗拉多州的大峡谷，以及加利福尼亚的参天红杉林。

了解美国文化，特别是美国文化中的自然元素，要从了解南北贯通的密西西比河、被称为北美洲的脊梁——落基山，以及道阻且长的美国"远西"边疆入手。

威廉·豪尔斯（William Dean Howells），人称"美国文学界的院长"（他的名字中 Dean 正是"院长"的意思）。作为一位作家、文学批评家和剧作家，豪尔斯把马克·吐温（Mark Twain, 1835-1910）比作"美国文学界的林肯"。豪尔斯曾担任《大西洋月刊》的主编，他对马克·吐温的高度评价受到文学家的普遍认可。事实上，马克•吐温的著名小说《哈克波利历险记》，被评为美国历史上最著名的前百部小说之一。海明威曾经说过，《哈克波利历险记》的成就之高，开现代美国文学之先河。

在本篇第 18 章中，让我们来欣赏马克•吐温的《密西西比河上的生活》（*Life on the Mississippi*）一书的片段，品味美国大文豪隽永无穷的文笔。

在第 19 章中，让我们来阅读刘易斯在率领探险队返回之后写给杰佛逊总统的一封信。

在第 20 章中，让我们重温特纳的著名论文《边疆在美国历史上的重要性》。

第18章　密西西比河上的生活

第九章"持续的困惑"节选
（第54-56页）

作者：马克•吐温

　　河面，到头来，成为一部巨著——一部未受教化的船客看似用死去的语言而写就的大书。这部书向我毫无保留地敞开心扉，把心中珍藏最深的秘密用清晰的声音讲给我听。这可不是一部仅读一遍就扔在一旁的那种书，因为它每天都有一个新的故事要讲。在全程1200英里沿途，没有哪一页索然无味，如果你错过任何一页的话，你都会有所损失，你也不会想着去跳过哪一页，莫以为，你不去读它而能够找到什么其它更高的乐趣。无人写出过这样精彩的著作，也没有哪本书如此引人入胜，如此历久弥新，当一读再读时迸发出如此崭新的光耀。不能一览这部大书的船客，只会感叹于水面上的某种水波涟漪（偶尔，船客对此也会视而不见）。然而，对于舵手来说，那是一段用*斜体字*注明的航程。确实，远非如此，那是一部充满了大写字体的传奇故事，结尾有一串串的高声呼喊的惊叹号，因为，那意味着某条船曾在此沉没，或有一块暗礁，曾有一艘坚船驶过这里时被撞得粉碎而夺走了生命。水面看似波澜不惊，但在舵手的眼里，那里是最为可怕的地方。事实上，未能读这部大书的船客，只看见了河面上太阳绘出的各种美丽图画，以及云朵所打出的阴影图案；而训练有素者的眼中，这些根本不是什么图画，而是最为严酷且惨烈的读物。

此时，当我已经掌握了这条河水的语言，犹如字母表一般地晓得了沿河两岸的细微之处时，我获得了宝贵的见识。然而，我也有所失。在我生活的过程之中，我失去了某些再也无可恢复的东西。所有的恩典、全部的美景、一切的诗情画意，都随着这条壮丽的河流飘散而去！我的心中依然留有某个隽永的夕阳景色，那是我初学驾驶汽船时所见。宽宽的河面被染成血色，大河中间的部位，红色的水面变得金灿灿，一根黑黑的原木孤零零地赫然漂浮而过；有一个河段，水面上出现一个又长又斜的闪闪发光的标记；而在另外一处，水面则沸腾翻滚着，打出一个个圆圈，好似美丽的蛋白石一般五颜六色；通红的水花忽隐忽现，平平的水面上泛着优雅的漩涡，一道道线条金光四射，丝丝精美无比。船的左岸森林密布，参天大树的暗影在开阔处断开，一条长而发皱的小径像根银线闪了进来；高高的树墙上方，一棵通直的枯木摇曳着仅剩的一支略带几片树叶的主干，在普照的灿灿阳光下熠熠生辉。四处是优雅的曲线、反光的图像、郁郁葱葱的高坡、松软的地段；在整个景致中，无论是远处或近旁，四散的光线均匀地漂移着，每时每刻，新的缤纷色彩将之充盈得更加绚丽多姿。

　　我被此情此景迷得呆立良久。我如饮甘露，欣喜若狂得惊愕无语。我刚刚入世，以前在家乡从未见过此般景色。但正如我之前所言，某一天，我开始不再留意日月星辰在水面上装点出的迷人景色；又有一天，我完全停止关注所有这些场景。之后，如果那样的夕阳景色再现时，我只看它一眼，而不再心潮澎湃，内心会对眼前的场景产生这样的看法：此等夕阳意味着次日将起大风；那根漂浮的原木说明河水正在上涨，不足为奇；河面上的那条倾斜标记，表明此处有一块沙洲，如果任由其肆意扩展，将会在某个夜晚让什么人的汽船在此遇险；那一个个沸腾翻滚的泡泡，说明水下的沙洲正在散开，河道正在改变之中；远处平滑水面上的一根根线条和一个个圆圈，预示着附近有一个充满危险的浅滩正在生成；森林暗影中的银色线条，是一根刚刚脱单的站桩，所处位置刚好能给来往的汽船带来不小的麻烦；那根枯木只剩下一枝活的树干，等不了多久，没有了这个友好的老地标，谁能在漆黑的夜间从此地通过呢？

不不，一切浪漫和美丽已从河面上荡然无存。每一样特质所给予我的价值，已然变成了让我平安驾驶汽船的有用知识。那些日子以来，我从内心里可怜行医之人。在一名医生看来，一张美丽面庞上可爱的红涨，莫非是某种疾病要命之前的短暂波纹吗？对他来说，她所弥漫的迷人外表，莫非是隐藏着糜烂的迹象和标志？医生确切看到了她的美丽吗？抑或仅仅从专业角度去看待她，而对她的健康欠缺状态自言自语地评判一番呢？难道医生不会时而纳闷，他学医之后，自己的得与失，究竟孰重孰轻？

（译者：王 森）

第 19 章　梅利伟瑟·刘易斯致托马斯·杰佛逊总统函

圣路易斯

1806 年 9 月 23 日

阁下：

　　我十分高兴地向您宣告，我本人和我的团队已于今天 12 点安全返回此地，文件与行李也一同抵达。遵照您的命令，我们深入北美大陆直至太平洋，充分探查了我国的内地，在此满怀信心地确认，我们已经发现了确实存在的横穿大陆经由密苏里河与哥伦比亚河航道的最为切实可行的路径。该路径首先要驶过 2575 英里长的密苏里河，至大河的巨型瀑布下方五英里处的湍流底部，此后行进 340 英里，经陆路翻越落基山，而后是一段 73 英里长的库斯库斯克河航道；之后是哥伦比亚河的一条 154 英里东南流向的支流，然后在哥伦比亚河上航行 413 英里至太平洋，整个路径自密苏里河与密西西比河交汇处起，至哥伦比亚河注入太平洋入海口，总长

3555英里。密苏里河航道的安全性与通航条件尚可；困难在于大河的崩塌岸边、河道中嵌入淤泥的木材、座座沙洲以及湍急的水流，上述险阻凭借必要的小心翼翼，完全能够得以克服。从密苏里河至库斯库斯克河之间的340英里陆路交通，是穿越大陆拟定路线中最为艰巨的路段，此段路程中，有200英里道路条件尚好，另140英里则需翻越崇山峻岭，其中有60英里路程完全为积雪所覆盖；然而，在六月末至九月底期间，翻越此段山路切实可行，此时从落基山及其以西地区的印第安人那里购入马匹的价格较低，因此可大幅降低货运交通的成本。库斯库斯河航道，以及哥伦比亚河本身的东南支流，自四月一日至八月中，均可安全通航；在哥伦比亚河一段，需要上下搬运三次，第一次是距太平洋261英里的大瀑布处，需下行1200步；第二次是大瀑布以下六英里处的狭窄通道那里的两英里路程；第三次是再下面65英里处的湍急水域也有两英里路程。潮水倒灌哥伦比亚河长达183英里，甚至抵进湍急水域七英里，因此，大型单桅帆船可以安全航行上来，载重300吨的货船能够安全驶入哥伦比亚河南侧的一条较大支流马尔特诺玛河入口，这条支流经由科罗拉多河与阿泊斯托斯河与墨西哥相接，该河河口至流入哥伦比亚河之处的长度为125英里。

从海口至哥伦比亚河狭长通道一端的航道，可供大船有效运输使用，再往上，则需使用独木舟。

密苏里河水深允许载重量高达15吨的船只通行，载重量低于这一水准的船只更为适中。

我们认为，这条横穿大陆的路径会大力促进皮货贸易，但我们担心，这条路径作为运送东印度产品至美国而后转运到欧洲的优势将绝不会等同于经由好望角的规模；然而我们认为，许多非大宗商品、不太脆弱、不易腐烂的商品，经由这条新的路径比现行使用的路径能够更为便捷地运往美国，而且成本更加低廉。

密苏里河以及夏安（译者注：今日怀俄明州境内）以上的支流地区有着大量的河狸与水獭，比世上任何其它地区都要多，特别是落基山的各个河段内。这一广袤地区的皮毛收集地包括圣彼得斯河、红河、阿西尼伯河、以及哥伦比亚河灌溉的大片地区，可于每年八月一日之前运至哥伦比亚河口，然后装船运往伦敦。假如有美国的许可，英属加拿大西北公司也可将那些从阿萨巴斯卡地区、萨斯卡彻温地区、温尼伯湖以南和以西地区，在上面提及的时间段所收集的皮货，经由这条路径运送。这样的话，美洲最为宝贵的皮毛，十分之九可以经由这条路径运往东印度。在横贯大陆贸易的初期，或者贸易建立时期，物流将局限于密苏里河及其支流，雇佣来从事贸易的劳工需要把收集到的皮货搬运至海潮所及的哥伦比亚河水部位，在此情况之下，劳工们直到十月一日方能返回到密苏里河瀑布一带，那样的话，季节会太晚，以至于劳工们来不及返回时河面已经结冰封冻，其结果是，来自东印度的货物要到次年春天才能运回来，但是，当哥伦比亚河上货物航运开通之后，这一困难便将即刻消失；每年有大量从事贸易的雇工，将东印度的产品运至库斯库斯克河上游，在那里，这些人于七月初与密苏里河的皮毛工人交换。以此方式，在上述季节之内，不仅能把密苏里河的皮毛外运，还可将东印度的货物通过哥伦比亚河运过来，来自东印度的货物，每年九月底之前可以运到圣路易斯，或者俄亥俄河口。

虽然哥伦比亚河地区的河狸与水獭比不上密苏里河地区，但数量并非匮乏，除了提供水獭与河狸之外，考虑到其它因素，那里能够成为一个很有价值的皮货贸易地区。

有可能收集到数量可观的三种熊的皮毛，颜色多样，十分精美，此外，还有虎猫皮、几种狐狸皮、貂皮，以及若干种次等皮毛，沿海地区还有价值很高的海獭皮。

假如政府提供援助，即使以有限的方式，我完全相信，我国公民的企业将很快从收益巨大的皮货贸易中获利，用十至十二年的时间，将会出现一批个人轻松地利用这条路径横穿大陆，正如许多人如今作横跨大西洋之旅一样。

英属加拿大西北公司，近几年来在鼠河入口处的阿西尼伯河岸一带的定居点，与密苏里河边的米尼塔•阿维哈维斯以及曼丹斯部落开展一部分贸易。目前，我有充足的理由相信，他们试图迅速在那些部落附近建立据点，图谋抢占密苏里河的皮货贸易。该公司的企业和资源，最近借助与强大的竞争者 XY 公司合并而得以扩充，使他们在大陆那一遥远地带具有压制其它商贸机构的力量。以我之见，如果我们看重密苏里河贸易对美国的重要性，对那家公司向密苏里河的扩展一定不可掉以轻心，必须由我国政府予以坚决而迅速的反击。密苏里河目前航运的尴尬局面，还与堪塞兹不友好的部署，外加若干特顿斯、阿西尼伯等几个部落求助于萨斯卡彻温一带英属据点相助，这些问题有待于我国政府尽早予以关注。鉴于我将很快与您相见，在此无需详细报告我所思考的有关这些议题的几个想法，特别是，我认为非常有必要让人们搞懂我国的地理知识，尚无暇绘制其它地图，只制作出一份我国的综合地图，而我不愿冒风险邮寄给您。绘制了一张我们离开曼丹斯之后整个旅程的最为重要特征草图，可能颇为有趣，我将从这里邮寄给您。我将要在此地耽搁数日，用以了断并打发我的随行队员，同时为我的华盛顿之旅略作准备。

我们一行于去年 3 月 27 日离开克拉措普，曾在哥伦比亚河入口处附近过冬；于 5 月 10 日抵达落基山脚下，由于大雪阻碍山路，直到 6 月 24 日，才继续行程，若非路程受阻，我本来可以在蒙提彻罗与您会合。我上次从曼丹斯给您发出的信函中提及，我本意欲从落基山让一个小队乘独木舟返回，然而，当我们于 1805 年 6 月 14 日抵达密苏里河大瀑布时，由于大雪的阻遏，团队遭遇巨大困难，必须绕过瀑布，行走 18 英里路程搬运船只和辎重，我和我的朋友克拉克上尉都确信，若抽减人员，留下的队员将面临危及考察任务的情形，因此，只得作罢，我们考虑到，与其让政府和我们的朋友担心全队的命运，不如避免过度的风险；日后的经验证明我们做出了正确的决策，不止一次，我们的生命乃至整个探险队的命运，均仰仗于我们团队的 31 名队员。

我随身带回几张海獭皮，两张美洲原产绵羊皮，五张大角山羊皮和骨骼，一张骡鹿皮，此外还有若干其它皮毛，以及我们所经过地区当地的鸟标本。我还保存了许多植物标本，并且收集了九份词汇表。

我成功说服了曼丹族的大首领陪同我一同赴华盛顿；他目前在此地与我的朋友兼同事克拉克上尉住在一起，他身体健康，精神饱满，非常急于启程。

关于可敬的威廉·克拉克上尉在整个旅程中所付出的努力与服务，我不必多言。阁下，我们两人共同历经千辛万苦而取得的成功，他的功劳丝毫不亚于我的贡献，这点请您加以考虑。

我热切期待着重返我的朋友之中，所以，在此地逗留的每分每秒都弥足珍贵。

我要求邮差等待几个小时，以便于我匆匆写出这封信给您。希望您原谅我由于书写此函而耽搁信件的发出，我还要为信件过短而向您表示极大的歉意。

我从此地前往华盛顿的路线计划如下，先经由卡霍齐亚、文塞恩斯、路易斯维尔、山楂园、阿柄顿、分卡索、斯坦顿以及夏洛特维尔。您收到本函之后的十天以外，如给我写信，请寄往路易斯维尔，我很可能会在那里见到回信。我非常急于了解我在阿尔贝玛莱朋友的状况，特别想知道我母亲是否依然健在。

恭祝安康；您谦卑的仆从

美国陆军一团

梅利伟瑟·刘易斯上尉

　　另：随我一同离开曼丹斯的整个团队全体安然返回，我向您保证，全队的平安是整个旅程中令我最为开心之事。

　　　　　　　（译者：王　森）

第20章　边疆在美国历史中的重要性

（节选）

作者：费德里克·杰克逊·特纳

在哥伦布世界博览会期间举行的美国历史学会会议上宣讲

1893年7月12日

　　关于1890年人口普查的最近一期局长公告中，出现下列语句："截止1880年，我国尚有可供定居的一段边疆，但目前，尚未定居的区域已经变得如此零散，以至于仍存在某种边疆线的说法很难立足。有关这一边疆线规模及其向西拓展等议题，已经不该在人口普查中继续占用一席之地。"这一简要的官方通告，标志着一个伟大历史运动的终结。时至今日，美国历史在很大程度上是大西部殖民的历史。空地面积的存在，这一面积的持续缩减，以及美国定居的向西推进，解释了美国的开发进程。

　　制度、宪法的形态以及修正的背后，有着强劲的生命力，使得这些制度设计具有活力，使之能够应付日益变化的情形。
美国制度设计的奇特之处在于，被迫的改
变总在发生，以求适应于人口膨胀的变化
——诸如跨越大陆所涉及的变迁、战胜某
个荒原，以及这一进程中的每一个地域从
边疆原始的经济政治状态发展成为复杂的
城市生活形态。卡洛恩于1817年指出：
"我们是伟大的，我几乎要说，我们增长
得很快，增长得吓人！" 他的这番说
法，点到了美国生活的显著特点。各国人
民均表现出发展态势；政治的微生理论已
经有过充分的强调。大多数国家的情形
是，发展仅在有限的地域内发生；如若某
个国家出现了扩张，该国遇到其他处于增
长的人民时，将其予以征服。但是，就美
国的情形而言，我们所遇到的现象则不
同。局限于大西洋海岸，我们面临着在有
限地域之内进行制度演进的熟悉现象，例
如代议政府；简单殖民政府细化为复杂的
机构；从原始工业社会未经过分工阶段的
向制造文明的进步。除此之外，我们在扩
张的过程中抵达的每个西部地区，在那里
出现了一次又一次的演化进程。因此，美
国的发展并非表现出沿着某一条单线的推

进，而是持续性地在边疆线上回归原始状态，继而在那一地区出现新的开发。

美国的社会发展一次又一次地在边疆线上相继开始。这一多年反复的重生，美国生活的这一流动性，这一向西部的扩张连同随之带来的机会，及其与原始而简单社会形态的不断接触，提供了主导美国性格的动能。这个国家的真正历史观并非是大西洋海岸，而是辽阔的西部。即使是关于奴隶制的争斗，如冯·霍尔斯特教授所特别关注的议题，在美国历史中所占据位置的重要性，也缘于与西向扩张的关联。

在这一推进过程中，边疆是浪潮的外沿——是野蛮与文明之间的交汇点。有关边疆的作品，已经出现许多从边区福祉以及驱赶角度所写的资料，但是，作为一个领域用于经济学家和历史学家进行严肃的研究，一直受到忽略。

美国的边疆与欧洲的边疆截然不同，那里的边疆有着一条穿过密集人口带有城堡的边界。美国边疆最为重要之处在于，它位于空地的边线上。在人口普查报告中，边疆被认作是每平方英里居民密度在两人或之上的边际以外地区。这一术语具有弹性，就我们的目的而言，无需严格定义。我们将讨论整个边疆带，包括印第安人的地区，以及人口普查报告中所谓"定居区域"的外部边际。本文无意对此主题作出完整的研究；文章的目的只是将边疆视作富饶地带而进行调查，并提示若干随之产生的相关问题。

在定居美利坚的过程中，我们需要注意到欧洲生活是怎样进入美洲大陆的，美利坚是怎样调整和发展那一生活以及欧洲的反应。我们早期的历史是对于欧洲生物体在美洲环境下发展的研究。研究制度设置的学生将注意力过多地放在了来源于德国的东西，关注美洲因素太少。荒原主宰着殖民者。荒原所见识的是欧洲人的服饰、工业、工具、旅行方式以及思想。欧洲的移民从铁路车厢被放进了桦树独木舟。来者脱掉了文明的外衣，而穿上了打猎用的汗衫和鹿皮靴。来者被放进切洛基人和伊洛阔斯人的原木小屋，四周建起了木栏。不久之后，欧洲移民种上了印第安玉米，用尖利的木棒耕地，声嘶力竭地高喊，以印第安人的正宗方式去揪掉他人的头皮。简而言之，在边疆地区，起初的环境对于人们过于严酷。人必须接受外界环境的条件，不然就要消失，所以，来者要适应印第安人开辟的地盘，沿着印第安人的小径走下去。渐渐地，来者改造了荒原，但结果并非是老欧洲的模样，并非是简单的德国生物体的发挥，并非是粗看好似德国印记的复原。事实上，这里出现的是属于美利坚的新产品。起初，边疆在大西洋沿岸，那里是真正意义上的欧洲边疆。向西移动，边疆变得越来越美利坚化。连绵的冰川造成绵延不绝的冰碛体，因而每一个边疆在其身后都留下痕迹，当边疆被人占据之后，那里依然有着边疆的特征。因此，边疆的拓展意味着远离欧洲的影响，在美利坚的线路上成长起一个稳定的独立体。要研究这一拓展，了解在此等条件下成长起来的人们，所产生的政治、经济与社会结果，需要研究我们历史中真正属于美利坚的部分……

在西部水面上兴起的蒸汽航运，伊利运河的开通，以及棉花种植在西部的扩展，使合众国在此期间添加了五个边疆州。格伦德在其1836年的写作中宣告："美国人到西部荒原广泛移居，在死寂的自然界范围内扩充地盘，看来是他们内在扩张力量的实际结果，鼓动社会各个阶级不断地将总人口中大量的人员投入国家最边远的疆界，这股扩张力量为的是实现发展而获得空间。以前未出现过任何一个国家或地区是按照同样的原则而形成，这再一次表明，还会出现进一步的外迁，这种趋势定然继续下去，直至这一进程最终触到一个实质上的障碍，从而必须停下为止。

土地赠予所催生的铁路建设，将涌起的移民潮推向远西。美国的军队在明尼苏达、达科他，以及印第安特区，与印第安人展开了一场又一场战斗。

到 1880 年为止，定居的区域被推向密执安北部、威斯康辛、以及明尼苏达，沿着达科他的若干河流，在黑岭地区，扩展至堪萨斯和内布拉斯加的河流。在科罗拉多的开矿，吸引人们到那一地区建立了零散的定居点，蒙塔纳和爱达荷也接纳了定居者。边疆出现在这些矿业开采营地和大平原的牧场上。如前所述，人口普查局的主管在其针对 1890 年的报告中宣布，西部各地的定居点分散得比比皆是，很难讲边疆线依然尚存⋯⋯

……陡降线标志着 17 世纪的边疆；阿利根尼山脉为 18 世纪的边疆；密西西比河是 19 世纪开头 25 年的边疆；密苏里河是 19 世纪中叶的边疆（加利福尼亚的迁移运动忽略不计）；落基山山系带以及干旱地带是当下的边疆。每一条边疆是靠着一系列的针对印第安人的战争而赢得的。

在大西洋的边疆线上，你可以研究相继重复发生的生物体过程。我们经历了复杂的欧洲生活方式急速坠入荒原的简单原始状态。第一条边疆首先遇到的是印第安人问题，涉及到公共领域的设置问题、新老定居者相互交往的方式、政治组织的延申、宗教与教育活动等问题。为某条边疆而解决上述那些以及类似的问题，均为下一条边疆提供了指导意义……

然而，尽管有着这些相似之处，由于地点和时间不同，本质的差别依然存在。显而易见，密西西比河的农耕边疆有着不同于落基山采矿边疆的条件。太平洋铁路通达的边疆，经过了标准的勘测，受到美国陆军的保卫，定居者们每天乘满载移民的船只而来，他们迁移的速度更快，所采用的交通工具与乘桦树独木舟或马车抵达边疆的那些人们极为不同。地质学家富有耐心地研究过古代海岸线的痕迹，对那些地区绘制了地图，对于新旧变化做过比较……

……因此，美利坚的文明是沿着地质所形成的动脉而推进的，一浪高过一浪，最终直到拓宽了原住民曾经往来的窄道，使之变成交织在一起的现代商业线路的复杂迷宫；荒原已经被一条条不断增加的文明线路来回渗透。最初简单而呆滞的大陆，不断地生长成为一个复杂的神经兮兮的体系。如要理解我们的国家之所以成为今日的形态，与其将之视为若干个孤立存在的州与州的集合体，必须要研究国家的经济和社会的凝结。这一从野蛮状态的进步过程中，有着可供进化论者研究的主题……

农民的推进来自于清晰的一股股浪潮。在佩克于 1837 年在波士顿发表的西部移居指南中，有着如下的段落：

总体而言，在西部所有的定居点，犹如海浪一般的三波人士，相继涌入。第一波是开拓者，他们主要靠着采集被称之为"地界"的范围内所自然生长的植物以及狩猎动物来维持其家庭的生计。此类人的农事活动属于粗糙型，大多自力更生，其精力主要集中于种植玉米和"自家食用"的蔬菜……他们当时是土地的占有者，不支付地租，自我感觉好似独立的"领地主人"。每个拓荒者拥有一匹马、一头牛、一两头种猪，他带领家人打入森林之中，他成为一个新郡的创建者，甚至可能是一个州。他修建木屋，招来另外几户情趣和习惯相似的人家作为邻居，住在当地直到该地界差不多已被征服，打猎变得不大靠得住，或更为常见的情形是，四周的邻居拥挤起来，道路、桥梁以及田地变得颇为烦人，此时的拓荒者感觉其活动空间变得欠缺，于是，他"向更高的树林中挺进"，"开辟出一块新地界"，或者迁往阿肯色或德克萨斯，让同样的过程重新再来一遍。

下一波移民购置土地，添加一块又一块农田，开辟道路，在小溪上建造简易桥梁，在修建的木屋上面安装玻璃窗子，并且安上砖石烟囱，偶尔还会种植果园，建造小型作坊、校舍、村公所，等等，俨然出现了普通而简陋的文明生活的图景。

第三波接踵而至，来的是带有资本和企业之人。这些定居者为出售产业做好了准备，并且利用财产升值来获利，他们进一步向内地推进，从而变成了资本家和企业主。小村庄成长为宽阔的市镇；出现了砖石结构的大楼、广阔的田间、果园、花园、学院以及随处可见的教堂。宽幅绒面衣服、丝绸制品、麦辫草帽、黑绉纱以及所有的精致品、奢侈品、雅致品、无聊制品、时髦物件，等等，不胜枚举。就这样，一浪接一浪的移民潮向西涌去；真正的拓荒者乐园仍在更远之处。

最初两波的移民者中，一部分人在大迁徙中停下脚步，改善自己的习惯和条件，升入更高的社会层面……

现已大致勾勒出各种边疆的轮廓，以及它们的推进方式，主要是从边疆本身的角度出发，接下来，我们可以探究东部和旧世界所受到的影响。由于时间所限，我只能快速提及一些更为显著的影响。

首先，我们注意到，边疆促进了美国人民所形成的复合型国民性。东海岸绝大多数是来自英国的人们，后来几波大陆移民则流向空置的土地，这是早期殖民时期的情形……

大部分针对国家政府权力的建立而制定的法律，在政府运作中发挥了极大的作用，这些立法均以边疆为条件而制定。起草人讨论到关税的议题、内部改良，作为奴隶制的附属条件。然而，当美国历史被正确地审视时，就会发现，奴隶制问题是一个意外事件。从本世纪上半叶结尾到内战结束的期间里，奴隶制上升为头等，但远非排他性的重要问题。民族主义的增长，以及美国政治制度的演进，靠的是边疆的拓展……

正是西部国家化的倾向，将杰佛逊的民主改变成了门罗的国家共和主义以及安德鲁·杰克逊的民主。1812 年战争的西部，克雷、本顿以及哈里森等人的西部，虽被中部各州和海岸一带的山系所隔断，却有着与国家休戚与共的倾向。借助河流之父（译者注：密西西比河被称作为"河流之父"）的大潮，南北相会，并融为一个国家。州际间的移民持续发生——这是一个思想和制度设置相互交流从而相得益彰的进程。在西部边疆发生的关于奴隶制的激烈斗争，并未降低这一真理的正确性，反而证明了这一说法确是真理。奴隶制有着不易消失的局部特征，但在西部不能保持局部性。最为伟大的边疆者宣告："我认为，这个政府不能容忍半奴隶半自由人的永久存在。要么是奴隶，要么是自由人。"没有什么比国家内部的交往更适合于民族主义。人口的流动是地方主义的死敌，西部的边疆让人口处于动态之中，起到了不可抗拒的作用。其影响从边疆传了回来，深刻地影响了大西洋沿岸，甚至影响了旧世界。

然而，边疆的最重要影响是促进了这里和欧洲的民主。如前所述，边疆强力推动了个人主义。在荒野环境下，复杂的社会陷入一种以家庭为基础的原始组织形态。这一趋势是反社会的，产生对于控制的憎恶，特别是任何形式的直接控制。税收人员被视作压迫的代表。奥斯古德教授在一篇优秀的文章中指出，殖民地普遍存在的边疆条件，是解释美国革命的重要因素，在那里，个人的自由有时与政府的有效管理缺失混为一谈。同样的状态有助于解释，为何在立国期间，确立强有力的政府困难重重。边疆的个人主义，从一开始便促进了民主的生成。

在合众国存在的最初 25 年期间加入美国的边疆邦州，其加入有着民主选举的附加条件，这对于民众受到吸引而早先加入的州群起到了非常重要的反作用力。参政的延申变得至关重要。纽约西部于 1821 年迫使该州宪法扩充了选举权；弗吉尼亚西部迫使潮汐地区在 1830 年形成的宪法添加了自由度更高的选举权利条款，给予边疆地区更接近于潮水地区贵族所享有的比例相称的代表权。民主作为国家一支有效力量的崛起，发生在杰克逊与威廉·亨利·哈里森掌权的西部具有优势的时代，这意味着边疆的胜利——既有全部好的方面，同时也不免具有全部罪恶的因素……

只要还有空地，就存在扩大能力的机会，而且，经济力量是政治力量的保障。然而，自由土地所孕育的民主，含有强烈的自私成分和个人主义，忍受不得行政上的实践，也不服从教育，让个人的自由超出适当的界边，既有利处也有其危险。美国的个人主义容许政府工作产生松弛，这种局面有可能造成不良体系的出现，因缺乏高度发达的公民精神而导致的恶劣行径表现得清清楚楚。还需指出的一点是，由于边疆形态的影响，营商信誉不够严格，出现货币贬值，以及非法经营的银行业务。殖民与革命性的边疆地区，有着许多邪恶货币所表现出的最糟糕形态。1812年战争期间的西部，再现了当时的边疆情形；1837年危机爆发期间，投机与非法经营的银行业务，在又一层州群的新边疆带重演。由此，每一次财务操守的松懈，都与新一波边疆社区的涌现相吻合，与相继出现的边疆带在地域方面，也大都吻合。最近的民粹主义抗议活动便是一个例证。许多州拒绝与民粹主义的信条扯上任何关系，而这些州在其早期发展阶段自身所坚守的正是这一类的思想。几乎不要指望一个原始的社会，能够表现出在一个发达的社会中对复杂的商业利益所持有的明智赞许。这些票据震荡区域的持续重现，是又一个证据，表明边疆可以被分离开来，作为最最重要的美国历史元素加以研究。

⋯⋯

边疆的生活条件产生出十分重要的智力特征。从殖民岁月开始沿着每条边疆流动的人员，展示出某种共同的特点，这些特点虽然渐渐弱化，但仍然带着起源地的痕迹而保留下来，即使更高等级的社会组织取得了成功。其结果是，美国才智所引人注目的特征归功于边疆。那种粗糙和力量与敏锐和好奇的结合，那种脚踏实地的精神、心灵上的创新性、急于寻找权宜之计；那种对于物质材料的熟练掌握，虽然在艺术上有所欠缺，但追求最终效果的力度；那股躁动不安的能量；那种主导性的个人主义，善恶兼而有之，与自由一并而来的生动活泼与精力充沛——这些统统是边疆的特征，或是由于边疆的存在而焕发出来的特质。自从哥伦布的船队驶入新世界的水域时起，美利坚已经成为机会的代名词，美国人民从连绵不断的扩展获得了他们的基调，边疆不仅向他们张开了怀抱，而且是强加于他们的机会。草率的预言家会宣称，美国生活的膨胀性格现已完全终止。迁移是其支配性的事实，除非这一训练对于一个人民没有效用，美国的能量将会继续要求更加广阔的锻炼场地。然而，自由土地的礼物将不会再度自行现身。短时间里，在边疆地带，习俗的纽带处于断裂，放纵的行为洋洋得意。干净的石板并不存在。难以驾驭的美国环境就在那里，专横的传票写着苛求的条件；传承的行事方式也摆在那里；此外，除了环境之外，也无论习俗如何，每条边疆的确提供了全新的场地机会，一扇逃离旧日束缚的大门；伴随边疆的是新鲜感、信心、对过往社会的鄙视、挣脱往日社会的思想束缚的渴望、及其经验教训的漠视，等等。希腊人所面对的地中海，即打破习俗的纽带，提供新的体验，呼唤建立新制度和开展新的活动，等等，日益退缩的边疆正是美国所直接面临，而更为遥远的欧洲也同样面临的情形。现在，从发现美洲的四个世纪以来，在宪法实施之下一百年生活的末尾，边疆已经消失，随之结束的是美国历史的第一个阶段。

（译者：王　森）

第八篇　国家公园——美国的创举

世界的保存孕育于荒野之中。

亨利·大卫·梭罗

　　在美国建国以来的两百多年里，一波又一波的移民潮自东向西，推动着边疆不断地向西扩展。19世纪60年代末，美国的南北战争虽然结束了，但整个国家依然处于从分裂的创伤中渐渐恢复的过程之中。政府、工业界、文化界，乃至整个社会，从新一波西进运动中，找到了新的动能。1869年，横跨美国大陆的州际铁路的开通，创造了一个弥合分裂、重新定义国家未来走向的新契机。美西无与伦比的壮丽河山，在新建成的州际铁路的推动下，使得成千上万新移民，找到了实现发财致富的便捷之路。诸如托马斯·莫然等艺术家的画作，大大地激励和感染了更多人踏上了西行之路。

　　工业时代的新发展，带动了美国的整体国家发展方向。对于19世纪西进的美国拓荒者而言，征服荒野被认作是自己的

126

人生重要使命。费德里克•杰克逊•特纳在其1893年所发表的著名论文《边疆在美国历史中的重要性》中指出，美国人的性格并非源于五月花号，而是来自于美利坚的森林；每开辟一块新的边疆，美国人的性格便获得了一份新的力量。

1864年，美国自然学者乔治•珀金斯•马什（George Perkins Marsh, 1801-1882）发表了一部重要著作，即《人与自然：人类活动所改变了的自然地理》。马什在《人与自然》一书中，阐述了人与自然和谐的观念和保护大自然的思想。19世纪初，美国的人口仅为400万左右；不到百年之后的19世纪末，美国的人口增长了15倍，达到6千多万。工业的快速发展，人口的急剧膨胀，以及持续多年的西进浪潮，导致荒原面积的不断缩减。爱默生对自然之美的赞颂，梭罗对于荒野的积极评价，特别是马什等人所倡导的生态保育观念，像一粒粒种子开始生根萌发，为越来越多的美国人所认识并接受。1868年春，好似听到了高山在呼唤的约翰•穆尔（John Muir, 1838-1914），千里迢迢来到加利福尼亚，从此，赛拉山有了一位坚定的守护者，美西荒原有了一位终身代言人。美西群山的保护运动所取得的最高成就，便是国家公园的建立，这一创举被史学家称为美国对世界的最伟大的贡献之一。

在本篇的三章中，让我们简要回顾美国国家公园的兴起，并欣赏被誉为"国家公园之父"的约翰·穆尔的两部著作片段。

第 21 章　荒原迢迢纤云尽

1862 年，亨利·大卫·梭罗在《大西洋月刊》发表了一篇散文，标题为《行走》。在文章中，梭罗发出一句名言："世界的保存孕育于荒野之中。"

荒野在美国人民的性格从形成到发育的过程中，发挥了十分特殊的作用。早期的欧洲移民抵达美洲大陆时，将森林密布的荒野视为猛兽出没的危险之地。农田的开垦，以及工业的兴起，导致所谓的"文明进步"和荒野的退却。托马斯·科尔于 1836 年创作的著名油画"牛轭湖"，极其生动地表现了荒野在与农耕以及工业文明的对决中的败退。历史性的转变发生在 19 世纪 60 年代，昔日遭到诅咒的"荒地"，被环保事业的先贤和社会上的有识之士所青睐。1864 年，乔治·珀金斯·马什发表了他的重要著作——《人与自然：人类活动所改变了的自然地理》。同年，林肯总统签署法令，将位于加利福尼亚州东侧的塞拉内华达西坡、面积达 75 万英亩的优胜美地山谷以及林地，划定为美国的第一块公共荒原。

1867 年，深受爱默生有关自然以及梭罗有关荒原思想影响的约翰·穆尔，从肯塔基州徒步千哩，独自贯穿美国中部的山岭和丛林，抵达佛罗里达州之后，继续前往古巴。穆尔原计划南下巴西，考察亚马逊热带森林，但因感染热带疾病，不得不改变行程，乘船于 1868 年 3 月底抵达西海岸的旧金山。登岸之后，穆尔向一位当地人询问，怎样能够最快地离开这座城市。听到如此奇怪问话的陌生人，一脸茫然地反问穆尔："你想去哪里？"穆尔回答："哪里最荒凉，我就去那里。"陌生人大惑不解，但随手指向东侧："那边是赛拉山。"

　　随后，穆尔走向赛拉山，走进优胜美地山谷，开启了他余生的高山之旅。在其后半生中，穆尔的足迹遍布美国西部山区，并且四次到访阿拉斯加。穆尔用他的笔记录了美西山峦的秀丽，为了保护荒原和森林，穆尔四处奔走，不懈努力，终于促成美国国会于 1890 年通过一项法案，设立了国家公园体系。1892 年，优胜美地国家公园得以建立。同年，穆尔与若干热衷荒原保护人士创建了塞拉峰峦俱乐部，穆尔受众人推举，成为俱乐部的首任主席，并在其后的 22 年中持续担任主席的职务，直至他 1914 年病逝。

1903 年 5 月，穆尔本来已经准备启程赴亚洲和欧洲作一次长途旅行。忽然，他接到西奥多·罗斯福总统的亲笔信，说他即将到访加州，并要考察优胜美地山谷。罗斯福总统在信中说："我只要你单独陪同我，我要完完全全地把政治抛到一边，用四天时间在野外与你相处。"两人在高山深谷宿营，彻夜长谈，这一夜令总统先生永生难忘。罗斯福总统后来在一次演讲中说："深夜里仰卧在参天的红杉树下，犹如露宿在上天之手建造的庙宇中，这庙宇远远大过任何人力所为。"

在穆尔等人的推动之下，美国国会于 1916 年通过法案，授权建立美国国家公园局。1964 年，美国国会通过"荒原法案"，要求将国土面积的百分之二作为荒原加以保护。如今，占地总面积超过 15 万平方公里的 60 多座国家公园，保护了各类生态区域、动植物种、乃至与自然密切相关的文化遗产，并成为美国大众观赏大自然美景和游憩的最佳场所。

1872 年因黄石国家公园的建立而成为美国荒原保护的分水岭之年。美国国会在设立黄石国家公园的法案中明令：

"兹划定蒙大拿以及怀俄明之特定区域予以保留，依照美利坚合众国法律，所划定区域免于定居、占用或出售，而用作公园或游乐场地，以惠及人民。"

约翰·穆尔在《我们的国家公园》第一章开端说道："如今，一个喜闻乐见的趋势是到荒野中漫步。成百上千个疲惫不堪、神经紧张、过度文明之人开始发现，走向高山即是重归故里；荒野是必不可少之物；山间公园与保护区作为林木以及河流之源十分有用，而且是生命之源。"

《纽约先驱报》在 1872 年刊发了一篇文章，大胆地提出：

"我们为何要去瑞士看山，或去冰岛看喷泉呢？三十年前的美国，在外国人心目中的最大吸引点是尼亚加拉大瀑布。如今，我们所拥有的景点让尼亚加拉大瀑布变成了普普通通的展览而已。我们的国家已经将优胜美地列为公园，落基山脉也变成了非凡的公园，科罗拉多的众多峡谷、哥伦比亚河的湍流、参天大树、明尼苏达州的湖泊、黄石地区的美景、雄浑、神奇而有时又令人生畏的自然景观，凡此种种，组成了一系列世上绝无仅有的美景胜地。"

梭罗在缅因州的森林中行走时，悟出了保存世界的钥匙隐藏于荒野之中的道理；穆尔在赛拉山听到了大山的呼唤，发出"走向高山即是重归故里"的心声。如今，荒原业已融入美国人民的性格内涵，国家公园也已经成为美国的自然瑰宝和文化符号。

第22章　黄石国家公园

《我们的国家公园》（1901年首次发表）第2章（节选）
作者：约翰·穆尔

位于西部的四个国家公园中，黄石面积最大。它是落基山宽宽的顶部地区一个巨大而强健的荒原，雨雪充沛，得天独厚——那里是美国数条大河的发源地。它的中部森林茂密，由火山构成的高原相对平缓，平均海拔高度大约8千英尺，周围群山巍峨，分别属于加勒廷岭、冷风岭、提顿山、阿柏萨罗卡等多座雪峰。晶莹剔透而尚未命名的湖泊，由一条条从岩浆层奔腾而出的玉带似溪流所连接，清水从寒冷的峰顶倾泻而下，水流淌过巨岩荒滩、青苔绿野、草丛树林，然后汇入条条大河，一路上不避险阻，高歌欢唱，巧妙地分道扬镳，寻找着各自的河道，最终流向东西两个遥远的大洋。

溪流两岸遍布着一个个魅人的冰川草甸与河狸草甸，旷阔的森林美得好似公园，山坳里藏着数不清的小巧玲珑的花园，枝繁叶茂，花团锦簇，整个荒原是动物们的乐园。

除了大多数气候宜人的荒山野岭所共有的奇珍异宝之外，黄石公园充满了扣人心弦的惊世奇观。世界上最具野性的喷泉，在明快而欢欣鼓舞的乐队伴奏下，载歌载舞，周围有成百上千的温泉在沸腾着，美丽而令人惊悚，山泉的底部像精心装饰过的巨型花朵，色彩缤纷，豪华斑斓；热气腾腾的调色盘、泥泉、泥火山、糊状地形、汤状地形，应有尽有，各色物质排序有致，四溅的水花与喷发出的水柱声震天外。四周层峦叠嶂，森林郁郁葱葱，林下石化的树木奇形怪状，貌似博物馆展台上的标本，一层层地叠立在壁架上，庄严肃穆，悄然无息，历尽沧桑，以其晶体之美展现亿万年来气象万千的奇观异景。在这里，有些山晶莹耀眼，有些山白雪皑皑，有些山呈硫磺色，另有一些山上覆盖着熔渣和火山灰；座座山峰千姿百态，或冰雪覆盖，或密林蔽日，或绽放着海米特斯般的甜美花卉；有的山被煮沸得松软无比，而有的山披着晚霞般的彩衣。林林总总，不胜枚举，黄石公园大自然的表演永不散场。因此，它被誉为仙境，每年夏天成千上万的游人旅者蜂拥而至，乐而忘返。

幸运的是，黄石在发现之后不久，被划分出来，以惠及民众。一条明智的法令在公共历史的烟尘中熠熠生辉，在众多为之做出过贡献的人士当中，世人一定要向海登教授致以谢意，感谢他率领首支科学考察队踏查该地区，做出详尽描述，并以高昂的热情敦促国会对其加以保护。经1872年划定，黄石公园占地3344平方英里。1891年3月30日，黄石公园的面积得到扩展，纳入了一片受到保护的森林；1897年12月，提顿森林保护区也被纳入黄石公园范围；至此，公园面积与最初相比，几乎增加一倍，南端边界远至备受尊崇的提顿山系，游荡于寥寥落基山草地间的动物，亦视黄石为自己的家园。面积如此大的区域从公共范围纳入黄石公园，并未产生害处；鉴于该地区海拔介于6000-13000英尺之高，并且覆盖着厚厚的火山岩层，划定为公园之后使其免于用作农业或矿业目的，而黄石的地理位置、生机盎然的气候、奇异的风光，使之成为一个融健康、游憩、研究为一体的巨型游乐场——一个天下游人大聚首的奇特之乡。

（译者：王　森）

第 23 章　高高的赛拉山近景

《加利福尼亚的群山》（1894 年首次发表）第 4 章（节选）

作者：约翰·穆尔

　　印第安夏天中间的一个早晨，阳光明媚，冰川草甸上的冰晶层传来阵阵清脆的响声，我从莱尔峰山脚出发，走向优胜美地山谷，以补充消耗一空的面包和茶叶。刚刚过去的夏天，像以前的许多个夏季一样，我把时间都花在了探究位于圣华金、图奥勒米、默塞德以及欧文等河流源头的条条冰川。我测量并研究冰川的运动、趋势、裂缝、冰碛等，搞清楚这些因素在这片高山仙境的地貌生成与演进过程中所发挥的作用。一年当中能够用来从事此类工作的季节已近尾声，我满怀喜悦地开始期盼伴随着奇妙风暴的冬天早日到来，届时，大雪封门，我在自己温暖的优胜美地小屋里，衣食无忧地饱览群书；然而，除了从优胜美地顶峰远眺四方，再次见到这个我所钟爱的地区恐怕要等到来年夏天，想到这时，一丝遗憾不免涌上心头。

从艺术家的角度，严格来讲，赛拉山并非某处个别的部位才美丽如画。整座山系的隆起是一幅巨型图画，而无法清晰地分成若干小块；这一方面与更为古老、更为成熟的海岸山系存在着明显的差别。人们所看到的赛拉山全部景观，在上一个冰河期，从山根至山顶被不断发育的冰凌洪水所重塑再生。然而，崭新的地貌并非同时出现；一些地势最高处，冰层存留时间最长；而山体地貌越年轻——所谓年轻指的是，相对于冰川期冰层生成的时间较短而言——越难以分离成零星的艺术碎片，供再现为热情洋溢、引发共鸣、温馨可爱而又富于人文气息的图景。

　　图奥勒米河的源头有数座狂野的山峰，在地质学家看来，太阳才刚刚开始从那里升起，风景美丽如画，山峰的主体线条规整匀称，终年积雪的座座峰顶庄严肃穆，山脚下棱角鲜明的花岗岩四周点缀着一圈灰暗的松树；纵览全景，壮丽的山谷从一端扶摇直上，耸入云霄，万丈峭壁好似从两侧张开双臂，忠诚地护佑着整座山谷。此时的山谷前景迸发出绚烂的秋景，棕色、紫色、金色，五彩缤纷，醇美而饱满的阳光，从蔚蓝的天空撒向或黑或灰的岩石和洁白无瑕的冰川。山谷下部缭绕着阵阵雾霭，年轻的图奥勒米河接收着头顶飞泻而下的清清泉水，忽而似晶莹的潭水冻成冰块，忽而如层层白色水帘雪花般飘落而下；水流从凸起的花岗岩左右滑过，然后掠过谷底平平的草甸，气定神闲而又风度翩翩地从一丛丛垂柳和莎草旁擦身而过，水流绕过几片笔直的松林；河水波澜起伏，疾徐自如，时而一路欢歌，时而低吟沉思，山谷的风景充满了生机勃勃的精神，哗哗的水流，每一跳动和每一声调，都表现出河水的无比壮观。

（译者：王　森）

第九篇　　山径芳草萋萋长

摒弃大路，去走小径。

毕达哥拉斯

如今的美国，人称是"车轮上的国家"。曾几何时，美国的主要交通工具是火车、马车、甚至木船。倒退两百年，徒步旅行是家常便饭。推崇行走的文学家非大名鼎鼎的亨利•大卫•梭罗莫属。劳伦斯•布艾乐（Lawrence Buell）在他于1995年论述梭罗对美国自然文学乃至美国文化的贡献时说道，纵观美国环境方面的文献，梭罗是当之无愧的"圣贤"。梭罗的《瓦尔登湖》被广泛称为美国自然文学的"圣经"，而梭罗逝世当年的1862年所出版的《行走》一书，可称之为行者的精神指南。除了在书中阐述自己对行走的独到见解之外，正是在这部著作中，梭罗发出"世界的保存孕育于荒野之中"的名言。这表明，梭罗在抬脚移步之间，悟出了荒野对于人类生存的至关重要性。有人说，思考的尺度决定行走的远近，反之亦然；行走不仅促进了人类的演化，而且极大地丰富了人们的想象世界。1863 年，梭罗的散文集《远足》面世，其中包含作者于 1843 年首次发表的"冬日漫游"一篇佳作。梭罗不愧是一位哲学家，他在文章中引经据典，因此，梭罗的文字常常不免有些拗口，时常自问自答，或者喃喃自语。然而，阅读梭罗的"冬日漫步"一文，似乎能在寒风凛冽的深冬里感受到大自然的脉脉温情。

进入 21 世纪以来，美国社会掀起了一股远足的热潮。追根溯源，比尔·布莱森（Bill Bryson）功不可没。布莱森于 1998 年发表的《林中漫步——重新发现阿帕拉契亚步道上的美国》（*A Walk in the Woods - Rediscovering America on the Appalachian Trail*）一经出版，立即好评如潮，连年高居美国畅销书排行榜，布莱森也成为闻名遐迩的旅行家和作家。现代生活的弊端之一，是大众普遍缺乏运动。根据一项调查，一般的美国人平均每周步行不足 3 公里，换言之，每天行走少于 500 米。布莱森的《林中漫步》，用亲身经历呼吁美国普通百姓走出家门，欣赏步道上的森林美景。

受布莱森的影响，比尔·麦齐本于2005 年发表了《悠悠闲闲把家还》。该书记叙了作者此前的某个夏天从东北部佛蒙特州的尚普兰河谷徒步前往纽约州北部阿迪龙达克荒原的山水之旅。书中的文字虽然貌似悠闲随意，但作者对美国社会生活、特别是环保领域的思考，却严肃而认真。

本篇接下来的三章，向读者呈现美国不同时期的文学家脚下的步履和思想的历程。

第 24 章 冬日漫步

作者：亨利·大卫·梭罗

（译者注：本文首次发表于 1843 年；1863 年重印时被编入梭罗的《远足》一书。）

风轻柔地从百叶窗之间窃窃私语而过，好似细细的羽毛柔软地轻拂着窗子，偶然间好似夏日低吟的和风掀起几片叶子。长夜漫漫。草甸鼠安卧在草皮中酣睡，猫头鹰坐在沼泽深处的凹陷的树上，兔子、松鼠和狐狸都已各自回窝。看家狗静静地卧在火炉旁，牛群安然地立在牛舍之中。大地自身已经入睡，好似初次而非最后一次熟睡；只有几块街牌或木门发出轻轻的吱扭声，给子夜时分凄惶的自然一点点鼓舞——是金星与火星两者之间唯一清醒的响声——向我们传播一束遥远而内向的暖意，一丝神圣的提振和友情，各路神仙在此相聚，而人类在这里却难忍阵阵苍凉。虽然大地已经沉睡，而空气中却飘落着活泼的鹅毛雪花，好似北方的谷神发号施令，将她的银色菽粟撒向四周田间。

我们睡下，许久之后醒来，一个冬日的早晨，静静地出现在面前。雪落在窗台上，软绵绵地透着暖意；从宽宽的窗扇和结了冰霜的玻璃透进来一缕暗而私密的光亮，让室内变得更为温馨欢快。早晨的静谧甚是令人感动。地板在脚下吱吱作响，我们走向窗边，张望远处的空场。雪重重地压在各处屋顶之上，屋檐和栅栏上悬挂着白雪形成的钟乳石，院子里立着根根石笋，有些雪柱半掩半现。大树和灌木向空中扬起白色的臂膀；墙壁和篱笆上的雪花各式各样，灰蒙蒙的田野一片嬉戏欢跃的模样，好似大自然将其新鲜的艺术图案一夜之间铺满大地，供人类观摩赞叹。

　　我们轻轻拉开门闩，雪花飘移而落，走出门外，寒风打在脸上。星辰大多已经隐去了光彩，地平线上蒙着一层乏味沉闷的雾色。东方的一片夸张的绚丽，宣告着黎明的到来，而西侧仍旧是一片昏暗，笼罩在沉沉的阴森之中，黑影重重。侧耳细听，似有地狱般的响动——公鸡的啼叫、狗的阵阵狂吠、劈柴的声音、母牛的低声呼叫，所有这一切都好似来自冥王星的场院和斯蒂克斯另一侧的冥河——并非表明任何忧郁，只不过，黎明时分的喧闹对于大地而言，则显得过于庄严而神秘。狐狸和水獭在院子里新踏出的痕迹提醒了我们，每个夜晚的每个时辰都充满活动，世间的原始运作无处不在，雪地里留下道道印记。打开大门，我们快步走在孤寂的乡间大道上，脚下踩踏着干而发脆的积雪；早起的农夫推开木棚时嘎吱作响，远处的集市刚刚开张，农家的门外放着夏天拖回的秸秆；透过雪花飘飘的窗子，我们远远地看见农夫早早点燃的蜡烛，像一只暗淡的星星，发出一束寂寞的光亮，好似有什么威严的品德发生在那里的早间。接二连三，炊烟从家家的烟囱中冒出，冲开大树和雪花的遮挡。

······

我们听到农夫门前劈柴的声响，远处的冻土之上，看门狗的狂吠，雄鸡嘹亮的高唱——细微的声音穿过稀薄而寒冷的空气传入我们的耳际，发出短促而甜美的震颤，声波迅即平静下来，变成最为纯洁最为轻盈的液体，其中稍重的物质沉入底部。这些物质晶莹剔透，从远距离的地平线看似钟形，比夏天的阻碍似乎更少，使得它们孱弱而欠整齐。地表犹如老练的丛林而浑厚有力，甚至普普通通的乡间声音也那么悦耳，树上的冰块叮当作响，甜美而水灵。大气中的湿度极低，一切都已干透或凝固；空气十分稀薄而富有弹性，令人心旷神怡。沉默而紧绷的天空看似大教堂的走道一样穹窿着，空气纯洁而又明净，好似冰晶从中漂然而过。正如格陵兰的居民讲给我们的那样，结冰的时候，"大海看似烧焦的草地而冒起浓烟，升上一片叫做霜烟的雾霭或水汽"，"这样的霜烟常常犹如刀割，打在脸上和手上，顿时撩起水疱，对身体非常有害。"然而，这纯洁刺骨的严寒，却是肺部的灵丹妙药，与其说是雾凇，莫若说是夏日雾气的结晶，经过严寒的冷凝，变得更加清纯。

太阳终于从远处的树林间升了上来，发出好似磕磕碰碰左摇右摆的声响，阳光融化了空气，早晨的步履飞快，西边远处的山梁已然镀上道道金边。我们匆匆踏过粉末飞扬的雪地，地面深处还留有几丝印第安夏天的温暖，颇为惬意，让人遐思奔涌，心潮澎湃。或许，如若我们的生活更为顺应自然，就无需介意冷热，而把大自然看作我们长久的护理者和友人，正像动植物那般。假如我们的身体吃进去的都是纯洁而简单的物质，而非刺激滚烫的食物，我们便不再畏惧严寒，而像树木一样傲雪迎风，甚至会发觉冬天也蔼然可亲。

这个季节的自然界美妙而纯洁，令人神清气爽。每一根木桩，长满青苔的每一块岩石和每一根铁条，秋天枯死的落叶，统统被一层干干净净的薄雪所覆盖。空空的田野和叮咚作响的树林里，美德存活下来。即使在最寒冷最凄凉之处，最为温暖的慈爱依然保有一席之地。呼啸的寒风横扫一切，掠过山岗等处虽然势不可挡，却夹带着一种天真无邪，令人敬重。寒风所到之处，万物纷纷躲避，坚守在外者定是宇宙的原装架构，勇猛无比，似上帝的化身。清新的空气，吸入之后顿感精神振奋。那种精致和纯洁肉眼可见，我们会心甘情愿地长久待在外面，让凛冽的寒风像横扫落光叶子的树木一样吹透我们的身躯，让我们适应冬天，好似盼望着从严冬借到一些纯洁坚毅的美德，让我们四季受用。

自然界有一股永不熄灭的火焰，蛰伏在地下，再严酷的寒风也休想将之冻绝。

......

这一地下之火的圣坛位于每人的胸膛之中；隆冬时节，走在最最阴冷的山岗之上，游子从衣袖深处感觉出比火炉旁还要暖和的热量。一个健康者定然是个四季常乐之人，冬天里，他的心中会有茵茵的夏日；他会想到南方，那里有越冬的鸟儿和昆虫，他的胸中满怀春天的温暖，知更鸟和云雀尽情欢唱。

终于来到了树林的边缘，撇开可供闲逛的小镇，我们走进一家隐蔽的小屋，跨过门槛，到处都有积雪。四周的环境依然喜气温馨，冬天的蔼然和欢快不亚于夏天。站在松林之中，摇曳散乱的阳光星星点点，我们纳闷，镇子里的人们是否听说过这里的简单故事。好像过路人没有探究过，尽管科学每天都发现别处的奇异事情，难道谁不想了解一下编写的年报吗？我们位于平原上卑微的小村庄有其贡献。森林借给人们木料修建屋舍，木棒供人们用于取暖。隆冬的万木常青是多么重要，有些小草整年都不枯萎！大地的表面无论高低，真是形形色色。假如没有了森林，人类生活将会是什么模样？山顶将看似修剪得光光的草坪，而人们莫非将要走进高草之中？

树林间的空地里到处是往年长起来的杂灌，每片叶子、每根细枝上都挂满了银色的雪花，形状各异，千姿百态，用以弥补色调的单一。观察每根主干四周，会发现鼠类的细小痕迹，以及兔子留下的三角形印记。头顶是纯洁而伸展自如的天空，好似夏日天上的杂质被隆冬贞洁的寒风所纯化和缩减，天地之间纯净得一尘不染。

冬天的大自然让夏日的优越感羞愧难当。此时，上天似乎更加贴近大地，各个元素不大拘谨，不必太过分明。水结成了冰，雨变成了雪；白天不过是斯堪的纳维亚的夜晚，冬天成了北极的夏日。

自然界里有多少生灵在快活地过着自己的日子，带毛的动物不畏刺骨的夜晚，在冰天雪地的田野和树林中观望冉冉升起的朝阳。

······

灰松鼠和兔子在远处的山谷里欢蹦乱跳，即使是在寒冷的星期五早上。这里是我们的拉普兰和拉布拉多，对于爱斯基摩人、克尼斯特诺人、印第安人、诺瓦赞布莱特人、斯匹次卑尔根人而言，难道没有凿冰锯木者、狐狸、麝鼠以及水鼬吗？

......

　　时间一分一秒地过去，山坡上反射出太阳的热度，我们听到了微微而甜美的乐声，一条小溪流水潺潺，树上的冰柱渐渐融化；白胸鸸和鹧鸪叽叽喳喳地在眼前跳来跳去。中午时分，吹拂的南风将雪融化，地面露出枯草和叶片，散发出令人振奋的香气，香得似闻到炖肉的气味。

　　我们走进一个遗弃的樵夫小屋，看看他是如何度过漫漫的冬夜和短暂而狂风大作的白天。有人在这个阳坡地点居住过，此时像是个文明的公共场所。站在这里，让人联想到旅途的行者来到帕尔米拉或者黑卡通波利斯的废墟。偶然能在四处看到鸣禽和小花，有人走过的地方，就会带来种子和花朵。铁杉在头顶微微作响，山核桃木定是樵夫的烧柴，而这些黑松树根也用来生火；远处山谷的小溪冒出微微的轻烟，一层薄薄的水汽快速升了上来，尽管樵夫早已离开，那是他取水的地方。这些铁杉树枝，以及上面平铺的干草，是樵夫睡觉的地方；这只破口的盘子供他喝水而用。这个冬天樵夫没来这里，因为菲比霸鹟去年夏天在这个架子上建了巢穴。我发现一些烧剩下的木片，好像樵夫才出去不久似的，他在这里烤过一锅豆子；夜晚，他抽着烟斗，对着躺在烟灰堆里无柄的饭碗喃喃自语；外面，雪下个不停，他吃不准刚才的尖叫声是只猫头鹰，还是树枝的摩擦声，抑或是凭空的想象；他躺在干草堆上伸伸腰腿，从烟囱宽宽的出口向外面望去，了解一下风暴的进展情况；当看到仙后座的星星在头顶闪闪发亮时，他惬意地进入梦乡。

你看，从这些蛛丝马迹之中，我们可以了解到樵夫如此之多的历史！从这棵树桩，我们可以猜到樵夫的斧头是否尖利，从下锯的坡度，看出他站立的位置，知道他砍倒树木时是否转圈，是否左手右手轮流挥动；从碎片的弯曲程度，我们能知道树木所倒下的方向。这一片碎木上刻写着樵夫乃至整个世界的全部历史。这一张他用来放糖或盐的纸，或许他用来填塞过火枪；坐在林中的原木上，我们津津乐道着城里的流言蜚语，那些较大的屋子，有的空着，有的出租给了别人，就像这一间，在大街和百老汇的条条大道之上。小棚子南侧的简易屋檐开始滴水，松林中的山雀叽叽喳喳叫个不停，门前的太阳暖融融的，蔼然可亲而又颇有人气。

两个季节过后，这间粗糙的房子还算像模像样。小鸟已经光顾此地，搭窝筑巢；从门前的痕迹，你能发现许多动物的脚印。由此可见，很长时间以来，没有人想到要来这里肆意妄为。树木依然兴高采烈毫无疑问地呼应着向其砍下的斧头。林木虽然稀疏，但每一株都为荒野增添了野性的气息，所有的元素让四周响起自然的悦耳之声。

　　此时，我们的小路开始渐渐爬向这座高岗的顶端，从陡峭的南侧，我们能够眺望辽阔的森林、田野和河流，远处的雪山也依稀可见。更远处，从树林中某处看不见的农舍冒出一缕蜷曲的烟柱，那是典型的农家场景。那边底下一定有一处温暖而可亲的人家，从树木上方形成的一片云雾可以察觉到，那里有一眼喷出水汽的山泉。从森林的显赫之处发现这一条云腾雾绕的水柱的旅行家，与端坐下方的人士之间，一定有着奇妙的关系！树叶冒出的烟气悄无声息地扶摇而上，下面火炉旁的农家主妇也在忙个不停。人生好似象形文字，预示着有比滚开的柴锅更加亲密而重要的东西。森林上方蒸腾而起的汽柱好似一面飘飘的旗帜，由某人把它竖了起来，这便是罗马的开始，是艺术的发端，是帝国的地基，无论是在美洲辽阔的草原还是亚洲茫茫的大草原。

此时，我们开始下山，走向山谷中的森林湖畔，湖水似呈现给外界的蜜汁，树叶年年探身水中。冷眼看不到湖水来自哪里，又去往何方，但小湖有着自己的身世，它的故事写在轻轻的波纹里，在湖岸圆圆的鹅卵石中，在湖畔生长的松树枝干上。湖水虽无波澜，但并非静止，如阿布穆萨的教诲所言："静坐在家中是上天之道；走出家门是人世之道。"湖水经蒸发之后，能够远行千里。夏天时节，湖泊是大地湿润的眼睛，是自然心胸的一面镜子。林木的罪过被湖水洗得一干二净。你看，森林把湖水围成一个圆形剧场，让自然有一个表现其温柔亲切的舞台。所有的树木都把游人引领到湖畔，每一条小径都会找到这里，鸟儿往这里飞来，走兽逃往这里，路面本身向之倾斜。湖水是自然界的沙龙，大自然在此歇息方便。想想看，大自然喜好寂静、简约和洁净；每天清晨，太阳来作蒸发活动，洗掉湖面的灰尘，让湖水永远保持新鲜；年年岁岁，不管湖内聚集了哪些杂物，春天里，明澈的水流一定会再现。夏日来临，湖面上到处荡漾着浅浅的乐声。此时此刻，湖面上铺着一层白雪，一眼望去，几处冰面上的雪被风吹掉，枯萎的树叶滑来滑去，总也跑不了多远。湖岸上有一片干干的山毛榉叶子，刚刚绊倒在一块石头上，挣扎着企图再次飞动。我想，一位熟练的工程师根据树叶从大树上落下的角度，或许能估算出它的轨迹。可供计算的全部原素都在这里，树叶的方位、风向、湖面的高度，等等。树叶破损的边缘和叶子的纹路，提供了原木的信息。

我们陶醉于一间更大的房子之中。湖面是一张桌子或磨光的地板，树林从水边像屋子的墙壁一样猛然升起来。穿过冰层而放置的抓碧古鱼的鱼线，看似大号的餐具；而站在白雪皑皑的冰面上的男人们，像是一个个木制家具。这些男人的动作，从半英里之外的冰雪而望去，像是史书里所描写的亚历山大的壮举，他们与此情此景甚是相融，如同征服王国那般重要。

我们悠闲地穿过蜿蜒的树林，听到周围远远传来的河湾那边冰水的轰鸣，动能并非是大海而是什么其它难以捉摸的浪潮。我听那声音像是一种奇特的家乡之音，扣人心弦得像是一个远房贵族亲戚的呼唤。夏日般的阳光轻柔地照耀在森林和湖面上，尽管许多根棍子只有一片绿叶，大自然享受着安宁的健康。每一个声音都充满着同样神秘的力量，无论是一月的树枝咔咔声响，还是七月的徐徐清风。

......

傍晚，我们将要沿着弯弯的河道滑行一段路程，这对于整天坐在炉火旁边的人来说，会像是跟随帕雷船长或富兰克林船长到北极冰原探险那样而充满了新奇。蜿蜒的河道，忽而穿过山岗，忽而伸向草甸，沿途形成一个个宽窄不一的河湾，松树和铁杉垂下身来。河流绕过小镇的后面，我们所看到的是全新而更为野性的一面。田地和花园显出一种做作的直率和自由，大路上找不到那种样子。大地的外侧和边缘的景象，虽然反差强烈，但看着没有关系。农夫的栅栏上有一条摇摆的柳枝还保存着新鲜度，到了栅栏的尽头，前面已经无路可走……

......

冬天里，自然界是一个珍品陈列柜，摆满了按照天然秩序和位置而晾干的样品。草甸和森林是压干的标本集，树叶和草片被空气压得平平整整，没有使用任何工具或胶料，鸟巢并非悬挂在人为的树枝上，而是在鸟儿自己所搭建的地方。我们无需把鞋子弄湿，走近跟前去查看沼泽在夏天长出来的桤木、柳树和枫树，能看出光照的强度、露水的情况以及阵雨的多少。葱茏的夏日所生长的枝条，经过休眠萌芽之后，将迎来又一个枝繁叶茂的年头。

偶尔，我们走过白雪覆盖的田间，小河不见了踪影，而从我们万万想不到的地方，重新钻了出来；河水依然藏在冰雪下面，发出隐隐而沉闷的轰隆声，好似熊和土拨鼠也休眠了一阵子，小河夏天的河道，隐身于冬天的冰雪之下。起初，我们以为隆冬时节的小河里没有多少水，或冻得硬硬的直到春天才会融化。然而，水量并未减少，流入湖泊和小溪的千条泉水依然奔流不息。仅有几条表浅的清泉，水流被冻住，下面深深的水坑将会鼓胀起来。大自然的水井置身于冰霜之下。夏日的小溪不等雪水来灌满，割草的人也不会单单靠雪水来解渴。春天来临时，融化的冰雪让溪流高出许多，大自然的工作带有滞后效果，水变成冰雪，它的颗粒不够平滑也不够圆融，不会那么快地变平。

冰雪的远处，铁杉林和白雪皑皑的小山之间，站着那个捕捉碧古鱼的渔夫，他的鱼线甩向僻静的河湾深处，他像一个芬兰人那样，将手臂插进厚厚的外衣口袋；动着乏味、洁白和略带腥味的脑筋，他本人像一条无鳞的鱼，但与其同类有几英寸的距离；呆呆地直立着身子，全身包裹在云雾和飞雪之中，他挺直得犹如岸边的松树。在这些荒凉的野景中，男人强忍着，有时特意用力动动身子，牺牲掉城里轻松而活泼的生活，跑到这里来承受自然界傻傻的清醒。松鸦和麝鼠的出现，让这里增添了活力，而渔夫并未使景致的野性有所减低，他站立在那里，与外界融为一体，正如早期的航海家们在其旅途中遇见的土著居民，在努特卡海峡，以及在西北沿岸，土著人裹着严严实实的皮衣，直到由一块铁皮引得滔滔不绝。渔夫属于贴近自然之人，他植根于自然，比城里的居民有着更多的根系。走过去，问问他运气如何，你会发现，他也是一个未来不可知论的信奉者。他挥手的姿势，他说起湖里尚未一见的碧古鱼时，带着真诚和充满敬意的腔调，他说的是那类原始而理想的碧古鱼。他与湖岸仍然有着联系，被一条鱼线所联系，他还记得有一个冬天，他从湖的冰窟窿里钓上鱼来，那个时刻，他家里花园的豌豆已经冒出头来。

此时，我们还在游荡，云再次多起来，几片零乱的雪花开始落下。纷纷的雪花越来越紧，远处的景物已经茫茫不见。每片树林、每块田地都落满了雪，没有哪个缝隙被雪所遗忘；河道与湖面，山岗与溪谷，到处是缤纷的雪花。走兽隐秘进了藏身之处，小鸟站在枝头，不动声色。四处悄然无声，不知不觉，每面山坡、灰色的墙壁和栅栏，平滑的冰面、尚未掩埋的枯叶，统统盖上了白雪，不时，人迹和动物的足迹全都消失殆尽。

......

尽管冬天在年鉴中被誉为一位老人的代表，迎着风雪，浑身紧裹着斗篷；我们宁愿把冬天想象为一位愉快的伐木者和热血青年，快活得像夏日一般。风暴尚未探索的壮丽，让行者精神饱满，有着甜美的诚恳之意。冬天里，人们过着更为内向的生活，心里充满着温暖和喜悦，门窗半隐的一间间木屋，从烟囱里冒出欢乐的炊烟。在严寒的日子里，木屋给人提供了阵阵舒适感，坐在火炉旁，透过烟囱顶部望着天空，在暖融融的角落享受着安宁的生活，周围安静得能听到脉搏的跳动，听一听街上牛群的哞哞声，或远处谷仓的声响。毫无疑问，一个医术高明的医生能根据这些简单而自然的声音如何影响人们，而断定我们大家的身体状况。眼下，我们享受着一种北寒带而非东方式的安闲，围着暖暖的炉灶和壁炉，望着阳光中尘埃的暗影，感到无比惬意。

有的时候，我们的命运温馨得令人感到习以为常，而不晓得残酷是种什么滋味。想一想，人们在长达三个月的时间里被皮毛所包裹着。希伯来启示录对于这欢快的雪只字未提。难道温带和寒带没有宗教吗？圣经里没有关于新英格兰冬夜诸神纯洁善举的记录。诸神的赞美从未咏唱过，只听过被删除掉的愤怒之声。最好的经文只记录了一些微不足道的信仰。圣徒们过得含蓄而又清苦。让一个勇敢而又虔诚的男人在缅因州或拉布拉多的森林中度过一年的时光，看看希伯来的圣经对于这个人的情形和经历是否讲得充分，从冬天的开始直到冰雪融化。

此时，开始了围拢在农夫火炉四周的漫漫冬夜，人在室内，心却远在天边；男人们出于天性，不可避免地乐善好施，对于各种生灵十分慷慨。此时正是抵御严寒的幸福时刻，农夫的辛劳得到了回报，想着已经做好了越冬的准备，从闪闪发光的玻璃窗子，镇定自若地看到"北极熊的府宅"，暂时，风暴已经过去。

"完整的空灵轮回，
无限的世界尽现眼前，
闪耀着炽热；众生面对
星光灿灿从极点到极点"。

（译者：王　森）

第 25 章　林中漫步

《林中漫步——重新发现阿帕拉契亚步道上的美国》（节选）

作者：比尔·布莱森

第一章（第 1-2 页）

我家搬到新罕布什尔州的一个小镇之后不久，一次，我刚巧步入一条小径，不知不觉便走进镇子边上的一片丛林。

小径的一块牌子上写道，此步道并非普普通通的步道，而是大名鼎鼎的阿帕拉契亚步道。绵延美国东海岸 2100 多英里长，穿过平静而诱人的阿帕拉契亚山系，阿帕步道是长途远足道路的老爷爷。阿帕步道始于佐治亚州，直达缅因州，蜿蜒连接 14 个州，穿越丰盈而秀丽的山丘，包括蓝山、大烟山、昆伯兰山、卡兹奇山、绿山、白山——每一座山岭对远足者都十分诱人。当听到"大烟山"或"申南多山谷"的名字，谁能不感到有一股催人奋进的力量，正如自然学家约翰·穆尔所说的

"往背包里塞进一块面包和一磅茶叶，跳过后院的篱笆"就上路了呢？

走在路上，出乎意料，阿帕步道蜿蜒于我新近落脚的风景宜人的新英格兰地区，这里迷人到危险的程度。不可思议的是，我可以走出家门，在丛林里行走1800英里，一直走到佐治亚州，或者调头向北，翻越崎岖而布满石块的白山，走向犹如仙境的突兀的卡塔丁山，继续向北450英里，是人迹罕至的密林荒野。我的头脑里有一个悄悄的声音说道："听起来棒极了，一二三，开步走！"

第四章（第62-63页）

树林不同于其它空间。首先，树林是立体的。树木围绕着你，朦胧于你的四周，从上下左右向你压迫而来。树丛阻塞景观，让你困顿不堪而失去方向感。树林让你感觉渺小、困惑、脆弱，犹如走失在高高大大的人堆中的一个孩童。置身于沙漠或者草原，你晓得自己处于一个宽广的空间里。站在树林之中，你感觉平平，那是一个巨大而特色不明的所在。然而，那里却是一个活灵活现的世界。

树林阴森而恐怖。除了森林里野兽出没、遍地盗贼的说法之外，树丛给人一种天生的凶险气氛，一种难以言表的东西，让你每走一步都会觉得末日将至，因陷于深深的无助和恐惧而提心吊胆。虽然你不住地告诉自己，这些想法是多么的荒唐，你完全摆脱不掉一种被监视的感觉。你强迫自己保持镇静自若（这里不过是一片树林而已），但事实上，你比演员唐•诺茨还要警觉，随时准备拔枪自卫。每一个突然的响动——一条咔嚓下落的树枝、一头狂奔小鹿的撞击——都会让你惊跳起来，吓得默不作声。不管你体内主管肾上腺素的机理如何运作，其功能异常平滑，随时准备喷发出热乎乎的肾上腺液体。即使在睡眠之中，你是一根盘曲的弹簧。

　　美国的森林使人紧张已经三百余年。一本正经、令人不胜其烦的亨利•大卫•梭罗，认为大自然无比灿烂，确实灿烂，只有当他能够悠闲地走到镇上去买蛋糕和大麦酒；但是，1846 年，当他游历卡塔丁山体验到真正的荒野时，梭罗不安到了极点。这不是杂草丛生的果园，也不是阳光斑驳通向马萨诸塞州康科德郊区的小径，而是一片令人生畏、异常沉闷的原始地带，那里"严峻、狂野……蛮荒、凄凉"，只适于"亲近岩石与野兽的人们"。那次经历，根据一位生平作家所言，使梭罗达到"近乎发狂的程度。"

第六章（第 100-101 页）

当你徒步走四方之时，距离彻底改变。一英里变得很长，两英里变得十分漫长，10 英里变得极长，50 英里长得不可思议。你意识到，世界大得只有你自己和一小群远足者才知晓。天体的规模对你毫无秘密可言。

生活也变得异常简单。时间不再具有任何意义。天黑时，你去就寝；天亮时，你就起身；两者之间，不过是两者之间而已。确实是妙极了。

你没有任何安排，没有承诺，没有义务，没有职责；没有特别的宏愿，只有小小、毫无复杂性的需求；你存在于一个平静的乏味境地，宁静到了"无可争辩的程度，"犹如早期的探险者与生物学家威廉•巴特兰所言。你所需要有的，就是长途跋涉的意愿。

（译者：王 森）

第 26 章 悠悠闲闲把家还

在众多描写美国小径的书籍中，比尔•麦齐本（Bill McKibben，1960 年出生）于 2005 年发表的《悠悠闲闲把家还》（*Wandering Home*），是近年来不可多得的佳作。2003 年夏天，麦齐本从美国东北部新英格兰地区的佛蒙特州尚普兰低谷当下的住所，前往纽约州阿迪龙达科荒原东侧的第二住所。两地直线距离大约 70 英里，麦齐本用了 16 天的时间，沿着蜿蜒的小径，走过溪谷、缓坡、山岗、密林，行程近 200 英里。整段旅程虽然不算很长，但充满了一个又一个朴实的美国平民故事。

佛蒙特州的尚普兰河谷，东临新罕布什尔州的白山，北抵加拿大边界的圣劳伦斯河，南接纽约州的乔治湖，西侧的尚普兰湖探身纽约州，翘望着阿迪龙达科荒原。

《悠悠闲闲把家还》一书，按照麦齐本的行程路径，自然而然地分成两个部分。佛蒙特州的尚普兰低谷是美国东部最为肥沃的农产区，麦齐本用轻松的笔触，

165

描绘出沿途山林湖田的美丽。更为可贵的是，作者在途中的每个大镇，事先联系了昔日的同事、多年的好友和新交，其中包括自然文学的教授、养蜂人、农场酿酒师、林区的护林员、学院的在校生，这些人或陪伴麦齐本走过一段路程，或展示各自所在地点的生活场景。麦齐本记叙了这些人的平凡故事，而这些平凡故事串接起来，讲述了一条美国乡间的发展道路。字里行间，麦齐本毫不掩饰他对尚普兰低谷的爱恋，对"当地性"（*LOCAL*）的崇尚。同时，他对方方正正的大壳子超级市场有着深度的排斥。

新哈文小镇四周的农场，那起伏有致的草场衬托着缓坡矮山上的石块，这是佛蒙特州农区的最富表现力的画面。在这里，人们相亲相爱，守望相助，过着恬静的牧歌般的生活。麦齐本悠闲自得地漫步在尚普兰溪谷地段，品味着"回归田土"的内涵。在此居住几十年的唐纳德，深情地望了一眼自己的妻子雪莉，对麦齐本说："我们整天都忙忙碌碌，养牛、打草捆、打理着一个大花园，这些劳作把我们一家人紧紧地粘在一起，让我们拥有共同的人生价值观。"

尚普兰夏天的农场，给人一种时空穿越之感。放眼望去，你不晓得四周的田野究竟属于哪一个世纪。四处安静得几乎能让你听到自己的呼吸声，偶尔，一两声狗吠打破四野的静寂。麦齐本描述道，当你真正仔细倾听，却能发现田野里并非一片死寂。绽放的玫瑰花顶小虫嗡嗡作响，更远处有潺潺溪水在低唱。麦齐本在想，如此美丽的田野，一旦失去，该有多么可惜。带着这般思绪，麦齐本挪步向西，走向阿迪龙达科荒原。

麦齐本在书中说，在美国，每当有人问起何为自然时，人们总会把目光投向西边。"我们有关荒野的词汇和语法，几乎都来自于约翰·穆尔所撰写的《我在塞拉山的第一个夏天》；我们有关荒野的图景，则来自于安塞·阿达姆斯游历加利福利亚和内华达的高山和沙漠时所拍摄的照片。黄石、优胜美地、阿拉斯加、落基山，那些地方是美国荒野的象征。"

与佛蒙特的牧歌式地貌相比，阿迪龙达科地区代表了野性。阿迪荒原东侧与尚普兰湖为界，西达安大略湖，北临圣劳伦斯河，南抵莫好克河。阿迪荒原中超过300万英亩土地，于 1894 年被纽约州政府划为"永久荒野区"，分为"野林"和"荒原"两个类别。

在荒野中远足，你的脑海中会迸发出一个又一个思想的火花。麦齐本在书中对他所见场景描绘道："生机勃勃得近乎氖绿的春色已然消退，此时接近盛夏的树叶呈现出浓浓的深绿色，再过三个星期，溪畔的枫叶，会在一夜之间，冒出第一圈红边。"（第122页）

作者又说："春天咆哮的溪流最为壮观；秋天五彩缤纷的阔叶林最为美丽；仲夏时节，风景恰到好处，温温的溪水涓涓流淌，给人带来喜悦和安宁。此时，白昼悠然地伸展着自己的表盘，让人们悠哉游哉。"（第127页）

作者对人生思索，他得出的结论是，要做一个文明的人，邻里和睦，社区祥和。走过如画的树林，麦齐本张开想象的翅膀。他反思自己二十几岁时所过的郊区生活，远逊于此地人亲近自然的生活。麦齐本坦承，他爱上了这里的铁杉，这里的陡坡、石板和阳光照耀的溪畔。

联想已经走过的尚普兰溪谷，麦齐本更加坚定了自己的信念，邻里互助，过自给自足的生活，亲手种田，酿酒，作曲填词，做林中的神仙。

唐纳德•阿姆斯特朗描绘出一幅图景："塞丽亚做了最好吃的晚餐，贝特走到门口，高喊：'开……饭喽（*Dinnnnnnnnnnnner*，共计 $12n$）'，他的喊声在湖畔四处回荡。塞丽亚还烤了热气腾腾的饼干和土豆，蒸好的鳟鱼也端上了桌，还备好了茶水和咖啡。这些是你所能想象到的最上品的美味佳肴。"（第 136 页）

麦齐本觉得，唐纳德•阿姆斯特朗过的生活几乎完美无缺，邻里和睦相处，夫妻互敬互爱，让生活的地点对自己具有意义。他有一个属于自己的小家，屋外有一个池塘用于养鱼，房后有一个大园子，自种自食，树林、山湖、永远的场景……。唐纳德回忆说："年轻时，我们登上野鹤山，爬上山顶的防火瞭望塔，我们向远处望去，远处的高峰。对于我们年轻人来说，向远处眺望是多么神奇，我们从未离开过约翰斯堡。"

温德尔•贝瑞是美国新农业的代表人物之一。这一群组的人们倡导"支持当地农产品"，推崇邻里互助的精神。麦齐本在他的旅途中注意到，"购买当地农产品"的运动正在悄然兴起，大有取代"有机食品为王"的势头。这一趋势或许有挽救日渐衰退的小型农业的一线希望。20世纪90年代末期，科克•韦伯斯特（Kirk Webster）在《小农庄杂志》上发表了一篇题为"农场成功秘诀"的文章，所揭示出的最重要的秘诀，是获得社区大众的支持，当购买食品时，提倡首先选择来自当地的产品。

乘坐友人的小船跨过尚普兰湖，麦齐本回首东望自己所走过的佛蒙特州的田间小路和树林，他感叹新英格兰地区业已沉淀的厚重历史。告别友人，他登岸向西，走进阿迪龙达科荒原，开始了后半段旅程。读者在书的第二部分，跟随着作者的脚步，探寻阿迪荒原的自然之美，反思美国一个多世纪以来荒原保护的经验与教训。

如果说穿越佛蒙特州尚普兰低谷的一个星期使麦齐本饱览了美国农村小镇的百年画卷，而阿迪荒岭的七天七夜则是麦齐本深度思索的一周。阿迪荒原面积600万英亩，是除阿拉斯加之外美国最大的荒原保护区，其总面积超出大峡谷、黄石与优胜美地几个大型国家公园面积的总和。在纽约州，阿迪荒原被当地人称作"鲜为人知的游览胜地"。此言有不实之处，因为，1901 年 9 月 6 日，身为副总统的西奥多·罗斯福，正在阿迪荒原度假，当他得知威廉·麦金莱总统遇刺时，星夜下山赶回首都，几天之后，成为美国历史上最年轻的总统。

麦齐本的整个旅程始于佛蒙特州的亚伯拉罕山脚下的住家，那里曾经是美国著名诗人罗伯特·福斯特的后花园；他的旅途终点在阿迪荒原的野鹤山山麓，那里是他的新家所在。对于麦齐本而言，"回家"不仅是去往回家的路上，而且还包括回归田土、乃至回归自然的意思，这是作者所要表达的深层含义，也是作者对于我们所处时代及其发展方向的忧虑与期待。

第十篇　　远方的山水与身边的自然

"大自然并非某个仅供参观的地点。
大自然乃是家园。"

盖瑞•施耐德

　　大自然不可能，也不应该仅仅被局限于画家曾经描绘的浪漫山水之间或者法律明文规定应予以保护的国家公园之内。诚然，远方的山水令人憧憬，但是，房前屋后的自然却是人们更为熟悉的日常景色。本篇正是基于这一思考，安排了三个相互关联的章节。在第 27 章中，让我们回顾两部著作，第一部是约翰•麦克菲于 1989 年发表的《自然的控制》，第二部是比尔•麦齐本于同年发表的《自然的终结》，然后，我们简要讨论"自然终结"之后的林业。在第 28 章中，让我们欣赏大画家托马斯•科尔诗一般的散文"美利坚的风景"（*Essay on American Scenery*）。约翰•巴勒斯（John Burroughs, 1837-1921）被称作"美国自然文学之父"。任何一部涉及美国自然瑰宝的书，万万不可忽略掉巴勒斯，因此，本书最后一章向读者推介约翰•巴勒斯的一篇脍炙人口的短文"房前屋后的自然"（*Nature Near Home*），用以批驳"自家门前无风景"的谬论。

第 27 章　自然的控制与自然的终结

自然的控制

　　约翰·麦克菲（John McPhee，生于 1931 年），是一位多产的美国作家。在他长达半个多世纪的写作生涯中，共发表 40 部纪实文学、散文集等。麦克菲于 1989 年发表的《自然的控制》（*The Control of Nature*），是值得一读的作品。全书由三个故事所组成，第一篇讲述了美国陆军工程兵团试图控制新奥尔良附近的密西西比河的举措。第二篇记叙了冰岛南部一个小岛上的民众用海水冷却火山岩浆的经历。第三篇介绍了美国洛杉矶居民修建设施，企图防范山体滑坡阻挡泥石流的故事。

　　让我们首先回顾位于冰岛南部 4 海里处的黑玛伊岛（Heimaey），见证一场人与自然如何搏斗的大戏。该岛占地面积 11.2 平方公里，拥有 4500 名居民。1973 年 1 月 23 日，附近的埃尔德费尔火山开始喷发。起初，喷出的火山灰被吹向大海，然而，随着风向的改变，大量的火山灰和岩浆，摧毁了岛上的许多建筑物，严重威胁当地居民的生命和财产安全。鉴于形势日趋严重，岩浆甚至朝着码头逼近时，岛上的居民团结协作，开始用海水向岩浆喷洒，以冷却流动的岩浆。当年7月3日，火山喷发活动终于停止。火山爆发所喷出的岩浆固化之后，小岛的面积从11.2平方公里扩大至13.4平方公里，虽然岛上一半的建筑毁于岩浆，但全岛居民的奋力拼搏取得了胜利，码头保住了，而且，在整个火山爆发的灾难中，仅有一人丧生。

洛杉矶东侧的圣加布里埃尔山，曾出现严重的水土侵蚀问题。当发生暴雨以及其它恶劣天气时，碎石甚至泥石流顺着山坡滚滚而下，严重威胁山麓居民的生命和财产安全。为了保护山脚下的民居，当地政府和环保组织联手，采取治理措施，但收效甚微，甚至以失败告终。在简要介绍以上两个故事之后，让我们聚焦于麦克菲讲述的第一个故事。

密西西比河下游的西侧有一条支流，名叫阿察法拉亚河，在美国东南部的朝克陶原住民语言里，意思是"长河"。这条总长220公里的河流，由北向南流经路易斯安那州中南部，最后注入墨西哥湾。阿察法拉亚流域南北长240公里，东西宽32公里，这里是美国最大的一块占地约5700平方公里的湿地，茂密的森林和宽广的水域，是众多水禽和野生动物的天堂。

密西西比河的滔滔水流，养育了3770公里沿岸的千百万民众，支撑着无数个城镇和乡村，也是沿岸以及流域内生态系统完整性的重要保证。在密西西比河注入墨西哥湾的附近，历史上多年的河水大幅度摆动，形成了一个宽达300公里的巨型扇面。在正常年份，阿察法拉亚河与其东侧的密西西比河相安无事。然而，每当洪水爆发的年头，密西西比河总会把超出自己承载能力的水量，倾泻给阿察法拉亚河。再者，密西西比河下游的巨大水量，如果经由阿察法拉亚河而注入墨西哥湾的话，能够大幅度缩短航程。事实上，历史上的密西西比河，曾多次经由今日的德克萨斯州而注入墨西哥湾。然而，一旦密西西比河改变入海口的航道，路易斯安那州首府城市巴顿鲁日以及新奥尔良市，将会出现可怕的凋零。

密西西比河的治理，曾经成为美国国会的焦点议题之一。1950年，美国国会举行听证会。根据专家呈报的观测数据，国会的专门委员会经过讨论，认定密西西比河注入墨西哥湾的水流应该按照一定比例进行有效的管理，具体的方案是，密西西比河百分之七十的流量保持在现有河道，其余百分之三十可以分配给阿察法拉亚河。最终，国会授权美国陆军工程兵团按照这一原则，修建一个新的水利枢纽工程。

翻开地图，你会看到密西西比河河口一带，呈现出一个巨型的大写"H"，右侧的竖道是密西西比河现有的河道，左侧的竖道是阿察法拉亚河，连接两根竖道之间的横线是一段7英里长的河流故道，当地人称之为"旧河"（*Old River*）。美国陆军工程兵团按照国会的授权，于1953年开始动工，在"旧河"上修建了一个大型闸口，用以调控密西西比河的洪峰流量。作为"旧河闸口调控设施"的配套部分，一座高30多米，重达500万吨的11孔分洪大坝，经过10年的建设，终于在1963年完成。密西西比河一侧的河面海拔高度大约6米左右，而阿察法拉亚河面的海拔高度不足 2 米。因此，当密西西比河面临洪水威胁的时候，管理部门便启动"旧河闸口"，将部分洪水分流进入阿察法拉亚河，从而实现管控密西西比河的河水平稳地注入墨西哥湾，以确保下游城市安全等社会经济目标。

约翰·麦克菲在书中引用美国陆军工程兵团的负责官员的话说："这个国家有一个庞大的敌人，我们的对手可以使美国丧失几乎所有的海运业，从而滑出贸易大国的行列……我们在与大自然母亲作斗争，每天都在打，每年都在打，我们的经济仰赖于我们取胜。（第 7 页）

针对这一水利工程，美国一位名叫奥利弗·厚克的法学教授予以痛批。他说道："世间最傲慢的想法是企图偷走阳光；第二傲慢的想法是妄图让江河倒流；第三傲慢的想法就是企图控制密西西比河。人类尝试过限制河水只在某一条河道中流动，那正是狂妄的开始。"（第 11 页）

20 世纪 60 年代之后，石油工业在墨西哥湾地区快速发展，许多国际财团在路易斯安那州南部沿密西西比河一带大量投资，国际顶级石油化工巨头在这一带建成了所谓的"美国的鲁尔"石化工业带 。虽然大自然有意让密西西比河改道阿察法拉亚河而注入墨西哥湾，而美国政府和工业界却要极力保持密西西比河目前的现状。

有一次，麦克菲偶然走过怀俄明大学的工程学院大楼，看到一块牌子赫然写道："奋力拼搏——自然的控制只能赢得，无人给予"（*"Strive on—The Control of Nature is Won, not Given"*）。麦克菲从中获得灵感，这便是《自然的控制》书名的由来。这本书中的第一个故事，正是上述水利工程项目。按照工程设计，当密西西比河遭遇巨型洪峰时，旧河闸口调控负责部门便会启动分洪预案。1973 年春，由于上游巨量来水，旧河闸口承受巨大压力，水利设施多处出现险情。管理部门启动紧急措施，向阿察法拉亚流域分洪，以降低密西西比河大堤的受压。然而，阿察法拉亚流域的蓄洪能力具有局限性。旧河闸口调控设施，只是美国联邦政府与州政府、工业界、环保组织和民间机构合作治理密西西比河的一个例证。这一工程反映出希望控制自然的努力。虽然在一定程度上取得了不小的成绩，但是，1972 年秋冬至 1973 年春天，密西西比河发生了大洪水，上游来水猛烈，给旧河闸口水利设施带来巨大的压力，大坝险情不断，洪流造成多条宽缘工字钢梁变形，堤坝几近崩溃。虽然洪水最终退去，但负责水利设施的美国陆军工程兵团被迫承认，再过硬的技术和工程手段，也休想彻底管控大自然。事实上，指望日新月异的高科技发展能使人类成为战胜大自然的最终胜利者，那种观点是幼稚而可笑的，如今，没有太多人像往日那样，继续相信密西西比河能够永远听从人类的指令，乖乖地在固定的河道中流动。

关于大自然，包括荒原在内，贝瑞在《不可预见的荒野》一文中指出："（荒野）从不根据某一个计划而生存和改变，而是任意地应对所面临的事件和力量……一条河流的弯曲、沙洲、水潭，其形成是应对任何阻碍和开放的结果。""对于一条河流，乃至任何自然力量，某一阻碍不过是一个机会。河流的本性就是流淌；不仅是空间意义上的流淌，也是时间上的流淌。万物皆要屈服于水流的实时的冲动，今天如此，明日亦如此，千年之后依然如此。河水如果受到阻碍，水流或者绕过阻碍，或从下面钻过，或从顶部没过，或从当中流过，或用水流将之磨损。人们可以建筑堤坝挡住水流，声称建造了一个湖泊，但它依然是一条河流。它将保留自己的本性，等待自己的时间，就像一头关在牢笼里的野兽，伺机寻找任何一个微小的开口而逃脱。假以时日，河流将冲开自己的路，堤坝会像远古的悬崖，被激流一点一点地剥蚀。"由此，贝瑞对那种曾经大行其道的所谓人定胜天的水利工程思想，提出了尖锐的批评。

自然的终结

约翰·麦克菲发表《自然的控制》的同一年，比尔·麦齐本（Bill McKibben），出版了他的第一部著作，书名为《自然的终结》（*The End of Nature*）。这是第一部向美国大众介绍全球变暖影响的专著。全书分为上下两部分，上部分介绍大量温室气体排放所造成的气温升高和全球变暖的严重趋势，麦齐本的主旨是，不加节制的发展模式，将导致自然的终结。作者表示，自然的终结将把人类抛入可怕而不可预见的境地。作者解释道，所谓"自然的终结"，指的是独立于人类活动的自然行将消失，随之而消失的是人类与大自然的原始关系。麦齐本说道："所谓自然的终结，我并非在说世界的终结，雨还会照常下，太阳还会继续照耀四方，但会不同于从前。我指的是人类关于世界以及我们在其中的地位将会改变，我们所感知的永恒而独立的自然将会消失。"换言之，大自然作为独立于人类而存在的体系，这一概念已经彻底改变。昔日，人类的行为虽然对大自然有所伤害，但尚未伤筋动骨，如今，人类的活动已经强大到可以改变地表温度的程度，二氧化碳气体排放的总量和速率，已经开始改变大自然。麦齐本说："人类给自己建造了一座温室，昔日，这里是一座野花盛开的甜美的大花园"（第 78 页）。

在该书的第二部分，作者展望不大看好的未来，采取有效措施的道路将会异常艰辛，但人类别无选择。麦齐本描述道："那一年的 8 月间一个夜晚，我躺在山顶上仰望星空，试图认出我所能辨认的几个星座——猎户座、北斗七星。我们的先人们，他们虽然置身于更为充满敌意的自然环境之中，却能够轻而易举地看到头顶上熟悉的星座——勺状大熊座、剑状猎户座以及网状星座。而今，我们将需要训练自己，不再能够看到那些图案……"（第185页）。

"自然终结"之后的林业

本节的标题借用了克拉克·冰克利教授的一篇文章"自然终结之后的林业"。麦齐本所著的《自然的终结》一书，先是于1990年在纽约的上流社会圈引起了轰动，热议的标志是，商家的大佬纷纷在鸡尾酒会上大谈特谈《自然的终结》。一年之后，远在加拿大西海岸温哥华的不列颠哥伦比亚大学林学院院长克拉克·冰克利教授，敏锐地感觉到，麦齐本的这本书将会严重冲击传统的森林工业。于是，冰克利教授快速撰写了一篇文章，在刨析了《自然的终结》一书的基础之上，对于麦齐本耸人听闻的书名给予了有力的回击。首先，冰克利教授辩论说，麦齐本所言之"自然"并不存在。以阿迪荒原为例，19

世纪期间，阿迪龙达克山岭之上的森林多处被砍伐，经过百年的恢复，麦齐本所看到的阿迪森林已然是次生林，而非人迹罕至的原始林。接下来，冰克利教授指出，人类所生活的地球经历了亿万年的演进，即使在所谓的人类文明到来之后，自然的样貌在各种力量的作用之下持续在发生变化，所谓回归史前时期的提议完全站不住脚。冰克利认为，麦齐本用耸人听闻的说法，吓倒了不明就里的大众，却未能给出具有可操作性的解决办法。冰克利教授运用美国生态保育先贤——埃尔多·利奥波德教授的土地伦理学说，号召林业工作者接受时代的挑战，将保护森林作为自己的神圣职责，以负责任的态度帮助打消公众对于自然遭受退化的担忧。冰克利教授在加拿大森林工业界做了多场演讲，并且将"自然终结之后的林业"一文发表在1992年的《美国林业学报》，获得北美林业工作者的普遍好评。

声称"人定胜天"者，其狂妄自大的傲慢态度，已被世人所唾弃。而鼓吹"自然终结"者，其耸人听闻的言论除了博得一时的关注之外，因缺乏行之有效的解决方案而显得过于负面和消极。冰克利的文章代表了林业与环境工作者的专业态度，在当今全球挑战日益加剧的背景下，给人更大的希望和信心。为了激励林业工作者积极发挥自己的专业作用，大胆而负责任地管理好森林资源，在文章的结尾，冰克利教授引用了美国著名诗人埃德温•阿林顿•罗宾逊于 1927 年发表的长诗《特里斯丹》的片段：

"无论你承认与否
你都是一位君王，特里斯丹，你是一位
行将离开世界时少见却久经考验者，
他们离去之时，世界变得面目全非。
标示出你所遗留的功绩。"

第 28 章　美利坚的风景

作者：托马斯·科尔

（本文为托马斯·科尔于 1841 年 4 月 1
日在一次浸信会活动中的演讲）

承蒙各位包容，我将本文奉献给大
家，只想概要地描绘一个几乎无可穷尽的
话题——美利坚的风景；在选择主题时，
我把着眼点主要放在了美国风景的丰厚和
华美方面，而非超出作者能力所限的很值
得讨论的美国风景之辽阔和重大意义。

这是一个每位美国人都应极度感兴趣
的话题，原因在于，无论你是关注哈德逊
的河水与大西洋的海水相互交织，或是探
索辽阔的大陆中部无边无际的荒原，抑或
是向往着伫立在遥远的太平洋岸边，你依
然置身于美国的风景之中——那是你自己
的土地；美利坚的美丽，她的雄奇，她的
崇高，统统属于你；如果你对美利坚的风
景毫不在意而又毫不动心的话，将是多么
的不配拥有你那与生俱来的权力啊！

在进入正题之前，尤其是特别要讲讲
北方和东部各州的风景，请允许我说两句

培养有关风景的情趣有哪些好处，以及为什么要呼吁反对许多人，甚至包括我们优雅的社区在内，对外界自然之美的漠视。公论认为，博雅艺术趋向于使我们的举止优雅起来；其作用远非如此——博雅艺术带有修补我们内心的力量。诗歌与绘画升华和纯洁思想，而乡间的自然充满着相同的加速精神；事实上，诗人与画家能将其当成永不枯竭的宝矿，从中获得神奇的财宝——那是一个经久不衰的智力享受的源泉，任何人都可以畅饮这一甘泉，唤醒对天才作品更深层次感情的认知，对我们的存在之美有更为热切的感知能力，对于造物主产生更为深刻的敬意。

有些人能够看到并感知到苍翠田野的可爱、巍峨山峦的崇高、或者天空变换多端的壮丽，对于这些人无需赘述；然而，从上述方面寻求享受者的人数相对较少。从众多人士对自然之美的不以为然来看，可以推断，大自然在装扮这个世界时，奢华得没有必要，因为众生没有在意自然界的装点，而在肆意追求其它东西时，忘却了辉煌的遗产。大地为何如此美丽，太阳的升起和落下为何那般壮观，似乎完全可将美丽的外衣脱下而对无动于衷的众生没有丝毫影响，使得众生能"轻便地忙于各自的追求"？

以爱恋的眼光看待大自然者，若对自然之美不加礼赞，是不可能从自己的住处挪动半步的；即使在城市里，他会被深蓝的天空和漂浮的白云所打动。如果想要摆脱自然界的纷乱，只寻求一个毫无羁绊的地平线，他能够单单在陆地和水面的光影之中找到情趣。把他送往受到青睐的地区吧，那里的大地更为多式多样，若再添加上夕阳，到处是荣耀的花环，他确实会畅饮到任何贪欲所无力给予的欢乐。一个人所能体验到的这种快乐并非仅仅来自感官或者利己而已，那快乐随着不同的场合而消退得不留痕迹；反而，注视着万能的上帝所创造的纯洁之物，他能感受到一种平静的宗教音调潜入心灵，当他与同伴交往时，在那个甜美仪式中被拨动的心弦震动不已。

当今的时代，可怜的功利主义似乎准备着吞并掉一切感想和情绪，所谓的改良大步向前，令人恐惧，那明亮而细嫩的想象之花，将遭到践踏而被碾得粉碎。因此，要开辟出尚存的绿洲，珍惜大自然随时准备赋予的印象，用以消解现代文明的污秽倾向。我们社会的精神变得挖空心思地去谋划，而非享受——辛辛苦苦地去生产出更多的辛苦——不断累积为的是扩大再扩大。

追求情趣上的快乐，在此方面对风景的热爱占有显著的地位，将有助于减少上述状态的严重性，犹如空气会把最为崎岖的地貌磨得圆滑一样，能给粗糙的生活披上一层薄嫩的美丽外衣。如若不受限制的话，我会更加充分地展示，为了全面地欣赏美术作品，对风景进行研究为何如此必要；进行那方面的研究以及那些艺术作品，为何对于我们的幸福和福祉，益处如此之大；但是现在，我必须言归正传，直奔我们的主题——美利坚的风景。

有那么一些人，出于无知或者偏见，固执地坚持认为，美国的风景几乎没有什么令人感兴趣之处或真正美丽之处，地貌粗鲁不堪而无画面感，单调而无崇高的境界，贫瘠得没有古迹，与欧洲的风景无法相比。这些观点究竟出自何人？是出自那些曾读过有关希腊山脉以及意大利天空的描述，反而从未花点心思看看本国的山水之人？是出自那些到外国游览之前从未睁开眼睛观看自然界之美，而国外的景致从视野中消失之后又再度死闭双眼的旅人吗？是那些觉得看了毫无名气又不够时髦的美国风景之后，会产生轻蔑甚至破坏掉大西洋彼岸的印象之人吗？让这些人把自己关在他们偏见的窄壳子里吧。我希望这些人寥寥无几，希望我们日益聪慧的社区人士，将懂得如何更好地欣赏他们自己国家的宝贵财富。

我无意于减低诸位对旧世界辉煌景致的评价；那片土地曾是人类事件的伟大舞台；那些山峦、森林和溪流，因英雄事迹和不朽之歌，在我们的心中变得神圣不已；那片土地上高悬着不朽的光环。不！我想申明，自然界赋予这片土地以美丽与宏大，尽管美国风景的性格有别于旧世界，但万万不可推断美国的风景更为卑下；尽管美国的风景缺乏带给欧洲风景重要意义的许多条件，，然而美国风景仍然有其特点，高贵的风景为欧洲所未见。辽阔的美国大陆，如今的美国，直到最近几代人以前，一直处于原始森林的阴影之中，不仅野兽出没，而且居住着不大开化的人们；在宽阔而芳草遍野的草原上——

　　"沙土中的花园，
　　未剪理过的田地，无边而美丽。"

尽管一个开明而数目不断增加的人民闯进了荒野，发生了看似神奇的变化，然而，美国风景最为独特，或许最为引人的特征，是美利坚的野性。

荒野是美国最与众不同的特征，原因是欧洲风景的原始特性早已破坏殆尽或遭到改动——曾经广为森林所覆盖的欧洲大片地区已被砍伐得七零八落；崎岖的山脉已经变得平滑，而湍急的河流被人为改道，去迎合密集人口的趣味与需要；昔日错综复杂的森林如今变成茵茵的草坪；咆哮的小溪成了通航的水道；天堑般的峭壁架起了铁塔，最为荒凉的山谷被犁耙整理得温顺服帖。

我们的西部地区正在快速走向这种栽培状态；但是，自然界仍然占主导地位，由于耕作的改良导致荒原的消失，有人为此而感到遗憾；自然之手从未抬开过的那些孤寂的景色，对心灵所产生的深深的影响，远非人类之手抚摸过后所能比拟。后果与上帝，即造物主，有着联系；这些景致是上帝的纯洁之作，人的心灵被置于对永恒之物的沉思当中。由于高山在地貌中最为明显，我把高山作为美国风景最为优先的元素来讲解。

的的确确，在美洲大陆的东部，没有高度上可与冰雪覆盖的阿尔卑斯山争雄的山脉；阿勒格尼山与卡兹奇山的高度不过四、五千英尺；然而，这一高度并非微不足道。苏格兰的本尼维斯山和威尔士的斯诺登山并非更高；新罕布什尔州的白山，我们州的阿迪龙达克山，高得几乎到了终年积雪的区域。总体而言，阿勒格尼山的外形显得庄重；而卡兹奇山虽然不像许多意大利风景如画的山脉那般断裂得呈锯齿状，但轮廓变换多端，起伏有致，异常美丽；这几座山从哈德逊河谷隆起，好似一场风暴过后大洋徐徐沉下的波涛。

　　美国的山峦，直至山顶通常都林木茂密，而欧洲的山大多则光秃不堪，或仅由一些荒草和低灌所点缀。欧洲的山或许因此而外形更为好看，赤身裸体给人一丝华贵感；然而，美国山峦的外观有着不可等同的绚丽。如美国诗人以优美的语句所言，当林木"披上荣耀的外衣"，欧洲山上紫色的石楠和黄色的荆豆还可以相提并论，两者好比暗淡的二等彩虹与惊艳绝伦的一等彩虹之差别分明。

　　我们州的阿迪龙达克山以及新罕布什尔州的白山，有着一种如诗如画、崇高而

192

又雄奇的结合；赤裸的花岗岩山峰，断裂而又苍凉，让云朵在那里生成；山谷和宽阔的山底覆盖着高贵而多样的林木；途径桑德维奇山场前往白山的旅者，无不感叹道，虽然世上某些地区具有规模宏大的山峰，将宏伟与可爱性如此完美地结合在一起，实属罕见；在此，崇高与美丽融为一体，野性被雄奇略加调教。

现在，我要讲讲风景的另一元素，离开它，地貌便失去完美，这一元素非水莫属。犹如人的面庞之上的眼睛，水是最富有表现力的部分：水波如镜的湖面，映照着周围的一切对象，水表现出安宁和平静；在湍急的小溪里，在飞流直下的瀑布中，水表现出动荡和猛烈的力量。以风景的这一伟大元素而论，哪里是丰富多彩的？我不提那些大湖，它们是内陆的大海，有海洋的某些属性而非海洋的庄严；我要提及那些规模次之的湖泊，例如乔治湖、尚普兰湖、温努普萨奇湖、欧翠苟湖、塞纳佳湖，以及一百多个其它的湖泊，它们如同镶嵌在我国怀抱中的一颗颗宝石。这些湖泊几乎有一个共同的喜人品质，那就是湖水纯洁而透明。谈到风景，似乎无需提及这一点；除了我们看到纯洁的水面感到高兴以外，湖水的纯洁和透明是美丽景致的极为重要的条件；唯有纯洁至上的水面，方能完美地反射出周围的对象，如树木、山体和天空。

我想动员各位去参观"圣湖"，即美丽的霍瑞肯，而非仅仅描述她的景致——你去漫步在那传奇般的湖岸，向外伸展的南端镶嵌着一颗颗宝石般的小岛，掩映在翠绿的远山景色中——你深入到她的腹地，那陡峭而崎岖的山体，黑魆魆的悬崖下有无数块岩石，一些石块上长着孤零零的单株或两三棵树木"相依为命"，好似大自然嬉戏之时随意抛撒在那里。这些是经典的景色。历史和精灵曾对之崇拜有加。战争刺耳的号角曾在此响起，而今的山丘悄无声息，某位大师用他的神来之笔，将这里的山水绘制成浪漫的篇章。

哈德逊河发源于若干个湖泊；这些湖泊还孕育了其它的河流，她们发端于阿迪龙达克的崇山峻岭，笑起来好似美丽的孩童，展现出华美的野性；不久的将来，诗人、艺术家、大自然的爱好者，都会蜂拥而至，无比激动地从中寻找灵感和喜悦。

194

虽然与乔治湖有所不同，温努普萨奇湖和她的许多小岛，与之十分相似。这里的山岗并非躬身俯视着水边，而是通过森林多样的景色，呈现出一片黛蓝。此外，墨绿色的奥西佩湖，位置再往上并且更远一些，她使得桑德维奇和白山云雾缭绕。

　　我所提及的湖泊风光无限，在此我不想用太多的细致描述来让大家感到疲惫，但我要告诉各位，那些在本州、新罕布什尔州以及缅因州不计其数的小岛，有着美国真实而独特的性格。我不晓得欧洲有哪一个小岛与之雷同。意大利的阿尔巴诺岛和内米岛小巧玲珑，英国的一些风景极为好看的小岛，可能大小相像，而其它方面则没有任何相似之处。这里的小岛卧于原始森林之中，有的则隐匿于大山深处，是理想的宁静所在；四周森林中的鹿来畅饮清凉的湖水，从平静的水面上欣赏自己的身影；苍鹰从低空掠过；落叶纷纷在空中打旋，而后相互追逐着飘向湖岸汹涌的波涛。

　　新罕布什尔州的弗兰科尼雅山峡内，有两个湖泊相距不过几百英尺，却老死不相往来，其中之一是阿莫努萨克河的源头，另一个是佩米格瓦塞特河的发源地。

湖面距陡峭的山崖超过一千英尺，峭壁的周边长满了黑魆魆的相互缠绕的树木，这里是深度隐居的绝好去处，完全无人打扰，造访的独侠客伫立山崖边上，心中会涌起一股崇高的敬意。并非嶙峋的峭壁有多么崇高，而是那围绕四周的树木黯然挺立，或是那湖水幽深莫测；曾几何时，这里地动山摇，形成一面面花岗岩绝壁，岩石、树木、水流，合力孵化出深沉而宁静的精神，而这宁静的能量、大自然，却能够打动灵魂的至深之处。

有的时候，这些湖泊会有非常不同的形态，那是暴风骤雨之时；遇见这样的景色，那是大自然的温柔之手，拨动了富于魅力的琴弦。

现在，我必须将目光转向大地的另一个美化师——瀑布；瀑布在人的心目中会立即出现美丽但显然又动静不够协调的想法——一个不断变换而又永无止境的单一存在体。瀑布可以被称之为地景之声；不像岩石和树林那样经风吹动才被动地发出声音，瀑布自我拨动琴弦，岩石乃至山峦附和着让美妙的和声不停地回荡。这里是一片瀑布连连的乐土；我们不是有卡特斯齐尔瀑布、特伦顿瀑布、福芦梅楠达瀑布、格尼西瀑布、烟波浩渺的尼亚加拉瀑布，以及一百多个知名与未知名的瀑布吗？这些瀑布的出奇之美，谁看到之后能不叹为观止？卡特斯齐尔瀑布上面有一条小溪，虽然十分细小，当溪水从悬崖绝壁探过身子，下面是一条树林密布的深深的山谷，那里的独特景观是一个巨大的拱形洞口，山洞延申至瀑布的下部和后面。在特伦顿，有一连串美不胜收的水帘，泡沫四溅的水花，冲进深深的山涧，撞在岩石上变得粉碎，多姿的树木相互缠绕在一起，覆盖住陡峭的山崖，让人想象到摇摇欲坠的"时间娱乐塔"。在楠达，格尼西峭壁形成大瀑布套着若干小瀑布的奇景，个别瀑布垂直高度达到七百英尺。然后就是尼亚加拉大瀑布！那是世界奇观！在那里，崇高与美丽由一条不可分割的长链联系在一起。凝视着它，我们好像感到心中充满了一个巨大的空洞，我们浮想联翩；我们变成眼前景观的组成部分！我们的脚下汇聚着千百个大海。大瀑布的海量让我们想到何为巨大——它的水流、它的无休无止、它的急切、它的不可控制的力量。这些元素构成了它的无比崇高。它把美丽的花环赋予千差万别的水的色调，赋予通天的水花，赋予一泻千里、无与伦比的弧形激流。

美国的河流景色是一个丰富而无限的主题。哈德逊河的自然之美盖世无双。还有比山中果园所能望见的湖光山色的塔帕恩河以及哈佛斯特罗河更美丽的吗？还有比陡峭的高地及其山下幽暗的通道形成一条大河而更加气势磅礴的吗？继续向上攀登，哪里还能找到更加妖娆迷人的景色？神奇的卡兹奇尔山立在远处；绿色的山丘从激流中缓缓抬升，像一级级台阶，让人们拾级而上，去往一处庙宇，而永恒的山岗是一根根立柱，苍天那湛蓝无边的穹窿是庙宇的拱顶。莱茵河畔有耸立的城堡，藤萝覆满的丘陵，传承百年的古村；哈德逊河边有松柏苍苍的山峦、陡峭的绝壁、碧波荡漾的两岸，并且有着艺术改良的无限空间。哈德逊岸边没有星罗棋布而年代久远的废墟，也没有王子出没的宫殿；却有着欣欣向荣的小镇和洁净的别墅，而多姿的情趣到处在展现。无需太多的想象力便能预见，不久的将来，丰沛的水面将会倒映出各色如诗如画的庙宇、城镇和穹顶。

在康涅狄格州，我们见过一条与哈德逊大不相同的河流。它发源于新罕布什尔州的荒山野岭，但河流迅速冲开一条郁郁葱葱的山谷，奔流一百多英里，时而钻进密林，时而穿越绿油油的莽莽草甸。无论我们是在哈佛希尔、诺罕普顿或者哈特福德与之相见，这条河流始终保持着它的轻柔一面；你可以随意想象阿卡迪亚河谷的迷人和宁静之美，而康涅狄格河谷的美丽无出其右。

　　也不要忘了俄亥俄河、波托马克河、萨斯奎哈纳河及其支流，美国有一长串这样的河流。它们是锦绣灿烂的兄弟姐妹们，其手足情谊难以言表。

　　美国有大片毫不逊色的森林景观，处于原始状态，迥异于欧洲。美国的森林有着处于各个生长和消亡阶段的树木——纤纤的幼树从参天大树的暗影中脱颖而出，正值壮年的立木，陪伴着苍苍的树王。昔日经过风雨、见过世面的绿色娇子，而今伛偻着衰退的躯体，匍匐在地面之上。森林形态各异，茂盛而美丽，放眼望去，一片绿荫；树干有的高大，有的伤痕累累；扭曲的枝条歪歪斜斜地偏要刺破青天；林下的朽木长满了形形色色数不胜数的苔藓。树木与人相似，性格差异巨大，有的喜欢深藏暗处，不露声色；与众不同者常常遭到剪理，枝桠被折损得失去特色。然而，在无遮无挡的情形下，林木变得狂野和桀骜不驯，不畏风雨，与同伴争抢每一撮土地，奋力抢占每一块可供攀附的岩石，表现出独特的个性，有时展露出原始的辉煌。

美国森林种类繁多，举世无双；一些地区生长着橡树、榆树、桦树、山毛榉、桐树、铁杉、以及其它许多树种，让山坡披上的绿装有深有浅，或明或暗。某些山区有着奇特的现象，同属的树木生长在一起，山脚下常常到处是阔叶树，而山顶则是阴森的松树；有的地方，暗绿色林带平行环绕山体，或呈现出清晰的线条，从山底直达山顶。这类现象的原因出于土地的特性或溪流的路径，这是大自然永不枯竭的美好例证。人们往往期待的是千篇一律，看到的却是妩媚的多姿多彩。由于时间所限，我不能详细谈论美国的林木，但我一定要提到榆树，它是美丽与荫凉的典范；枫树有着彩虹般的色调；铁杉冲破幽暗的森林，像常春藤缠绕着的巨塔立于山巅，令人赞叹不已。

美国森林斑斓绝世的季节是秋天；彼时，每道山岭、每条溪谷都绽放出绚丽的色彩；着实是色色俱全，从勃勃生机的绿色到凝重至深的绛紫色，从灿灿的金黄色到耀眼的赤红色。艺术家放眼望去，荡漾着光辉的地貌美得令人叫绝。与美国森林相比，旧世界的秋天被誉为仙境的森林，其光泽显得颇为虚假。接下来要关注的是天空，那里是万般风景的灵魂之所在，是光的源泉，掌控着色彩的明暗变换。无论天空起了何种变化，地表之物定然做出一致的呼应，无论是夏日水碧山青的宁静，或是狂风大作的暗黑。是天空令大地上的旭日如此绚烂可爱，让夕阳如此美不胜收。一方面，天风吹拂掠大地，晶莹剔透万物明；另方面，东风吹作黄金色，玉露撒满十方界。美国的气候千变万化，让人叫苦不迭；然而，大自然给予了补偿。漆黑的万千变化是盛产美景的源泉，我们的多种气候，让我们享有多样的天空——北方深邃莫测的蓝天、炽烈而厚厚的雷暴云、英格兰的银色薄雾、以及意大利的金色盎然。假若艺术家曾云游四方，并观察过其它地区的天空，他应该到哈德逊岸边度过一段时光，而必定会承认，就种类和壮丽而言，美国的天空无与伦比。

......

美国与历史的联系远远不如其与现在和未来的联系。身处一座风景宜人的小山包之上，望着山脚下僻静的幽谷，四周的群山苍松翠柏，透过茵茵的草甸和宽宽而起伏有致的良田，一条小溪好似一道银色的丝带蜿蜒流淌，时而钻进绿荫荫的密林，时而在烈日下泛起清波；小河两岸的农家，房前榆树成荫，屋后花团锦簇；村庄深处的树丛边，小教堂的塔尖闪亮得好似一颗明星。你看不到述说暴行的残垣断壁，也没有大讲排场的辉煌庙宇，而只有自由的子民，那里有的是和平与安全的居所，还有美景背后的精灵。村姑无拘无束地走在小河边，缓缓的水流偶尔打在脚面；欢乐的学童手持鱼钩鱼线，度过无忧无虑的一天；那一座座小巧的房子，不摆阔炫富，却是一个个殷实的人家。望着远方尚未开垦的原野，思想会伸展向未来。那里将有野狼游荡，翻动的铁犁也将闪出道道光亮；灰色的山崖上将出现气宇轩昂的庙堂，铁塔也将矗立在山岗之上；如今人迹罕至的荒原将见证伟大的事业；至今尚未出生的诗人将创作出一首首赞美大地的诗篇。

　　我本想向诸位描述几个风景如画的地区，但我担心占用了大家过多的时间，无人再有耐心继续听讲。然而，我必须让诸位知道我的悲伤，上面所言美景正在快速消亡；大板斧的蹂躏与日俱增，崇高的景色被野蛮而肆无忌惮地夷为平地，操刀者自称是文明教化之人。路边正在失去林荫，今天美不胜收的地点，我们的下一代所能看到的恐怕将是一片荒凉。与其说是牢骚，莫若说是遗憾。我深知，森林一定要被砍倒，用作燃料，服务于农耕，修建道路和水渠也必不可少，但我主张，人类要将美丽当作价值观加以秉持；无需砍倒某棵大树或不必毁掉某处树林的地方，要阻止伐木者高高举起的双手，甚至要消减世人普遍存在的追逐金钱的想法，与纯洁而无穷无尽的宜人景色相比，低廉的金钱价值微不足道，保留住上苍所创造的大美景物，供世人永远享用。那个村庄的居民中，如果有谁还没有注意到过去十年里周围的美丽环境已经褪色，他一定是个无聊之徒；年复一年，卡兹奇尔河的两岸日益退化；有一年，范·韦克藤家乡的高贵树林被一条蛇形道路劈成两半；与此同时，印第安人墓园的参天古柏被统统伐倒。我特别讲到这些事件，因为我知道许多在座人士对此有着深刻的记忆；那些地点让你我有过欢乐，那里的林荫道上有你我的脚印和车辙。

从欧洲归来之后，我颇为自豪地讲到那个喜人的地方，我在那里与朋友一同散步，只要有机会，就会带朋友前往，当我们踏在神圣的大树下松软的草甸上，手指远方的群山和山下静静的小溪时，我会说：这样的地方，在欧洲会被视作大地的明珠之一，前往的人会趋之若鹜，还会有法律保护以避免遭到任何亵渎。然而，那里的美景已然不复存在，一百年都无法复原的景象已经被人砍掉；剩下的是什么？又陡又干的河岸，无法耕种的土地，不堪入目的沟壑，连同不堪一击的肥沃土壤。昔日的美景如今成了一片荒凉。但是，在结束本次演讲时，我希望，虽然只是微微地提请，人们不要忘记培养对景色鉴赏力有多么的重要。大自然已然为我们摆上一台丰富而又赏心悦目的佳肴盛宴，我们会离席而去吗？我们依然身处伊甸园之中；把我们挡在花园高墙之外的是人们的无知和愚蠢。我们不该让诗人的话语发生在我们身上：

"四周沃草茫茫，
尔等羊群为何牢骚惆怅？
非也；那是向其主人表示拒绝
分享美妙的宁静。"

让我们时而从生活中的庸俗追求里脱身出来，去享受乡间的自然与纯洁；那是旅途劳顿的行者所渴求的甘甜泉水，能把心灵浇灌；让我们：

"学习
万物永恒的崇高法则
赞颂神的作品，
我们会看到
凡夫俗子视而不见的神秘光环。"

（译者：王 森）

第 29 章　房前屋后的自然

作者：约翰·巴勒斯

（首次于 1919 年发表在《田野调查》一
书中）

　　根据长期的经验，我确信，研究自然
的最佳地点是在自己家——农场、山岗、
平原、海边——不管在哪里。由此可见，
一个人住在哪里，哪里就能研究自然。四
季送到你的家门一长串循环往复出现的野
生动植物，你不会错过自然大戏的任何一
个片段。在自己家，你的所见所闻带有更
多的怜悯和亲切感。大自然对于你的感
触，相较于其它地方，会更为贴近一点。
与异域的景致相比，自家门前的景物更为
熟悉。你把自家门前的鸟看作是自己的，
你家田地和树林中的花朵属于你，你家四
周山谷上搭起的拱形彩虹，甚至年复一年
你每天夜晚在自家台阶上抬眼可见的点点
繁星，都有着某种私密的个性化色彩。你
在异域所见到的云朵和落日，越像你在自
家的云彩和夕阳，你就会越加激动。你对
周围野物的熟悉程度，过路人是无法得到
的。大自然透露给当地居民的奥秘，过往

的游人知之甚少。你安家的地点，大自然也安营扎寨，所以，亲近大自然变得不再困难。与自身四周的景物熟悉起来，不会使人丧失好奇心而变得索然无趣。你今日漫步于田间树丛与河畔，明天应该继续，后天也莫要中断。中断一次，便有第二次，之后会断断续续，再后来便没有了规律。大自然的大戏没有固定的节目单。假如大自然今天缺席，或者心不在焉，等到明天，或者等到下个星期。只有野物们搭好了窝，建好了穴，并且住了进来，主角才会登场露面。

例如，假如你要研究冬天的小鸟，你不必去冬天的森林，你可以把小鸟带到自家门外。在窗外的树上放一块板油，会招来黑顶山雀、白胸鸸、绒啄木鸟、棕色旋木雀，而暗眼灯草鹀会成为常客。冬天树林中的这些小家伙们，如今每天甚或时时来寻觅你为其准备的恩惠，多么有趣啊！要等到小鸟们来你家访问几个星期之后，你才会开始欣赏它们给你冬天的生活所增添的一点点温暖。到了那个时候，衰老的树干会披上一层更为友好的神色。户外的严寒也会有所弱化；冷风裹挟着雪花，想到你能帮助那些长着羽毛的小家伙们在风寒中获胜，你的心中会感到无比温暖。小鸟们所面对的寒冬异常严峻；森林像沙漠一样荒芜，大地积雪覆盖，寒风吹断树枝——无处藏身，到处严寒，然而在这里

　　"小骑士鼓足了勇气
　　　面对死神毫无惧色"
（译者注：引自爱默生《凤头山雀》一诗）

　　它们个个好似在夏日一般活灵活现，快乐无比。

　　你放在窗外树上的食物，小鸟们肯定会发现，因为，在这一季节，小鸟迟早会造访每一株树。能吃的东西很少，小鸟们会不厌其烦地翻遍自己的全部地盘，田野、树丛、果园，没有哪一株树会逃脱小鸟的关注。奇妙的是，在貌似荒漠的冬天里，树丛和田间的小家伙们竟然能够活下来。你看不到的地方有它们的食物，粗糙干裂的树皮并非像外表看似的荒芜无用。缝隙中的微小昆虫、卵子、幼虫均是鸟食，而且数量可观，凭借它们锲而不舍地找遍树干的每一个角落，获得维持自身存活的食物毫无问题。

棕色旋木雀用它的又长又细而且向下弯曲的鸟喙，能发现黑顶山雀又短又直的鸟喙难以觅得的食物。旋木雀从树干的底部开始，沿直线或螺旋形往上一路觅食，一旦觉得有什么危险，会立即躲到树干的后侧。与冬天里的同类相比，旋木雀在颜色上同化性更强，因此，活动范围与运动量比啄木鸟和黑顶山雀更为有限和固定化。旋木雀的确是一种树干鸟，它的天敌是伯劳和老鹰，绕飞树干的速度以及从一棵树干飞到另一棵树干的神速，充分表明了生活教给了它，要想活命就必须速度快。

白胸䴓的活动范围比旋木雀更宽，在树枝上蹦来蹦去。白胸䴓呈鲜明的黑、浅灰、蓝和白色，动作各自不同。它的又直又重的喙向上弯曲，与面部形成的角度刚好有助于觅食。白胸䴓在树干上下左右到处运作，随时注意着四周任何的危险。我平生从未看见白胸䴓受到过其它鸟类的欺负或威胁，它在树干上觅食的时候表现出习惯性的警觉动作，那股低头却扬起鸟喙呈直角的样子，清楚地说明它从谋生中学到的竞技技能。显而易见，危险隐匿于某个方向，黑白蓝色正是森林中的保护色。

白胸鳾的色彩虽然不够斑斓，但它在活动范围和数量方面，远远超越旋木雀。白胸鳾能吃坚果和昆虫，无疑给了它更宽的生活空间，使它的适应性更强。这种能力是增强自然生命力和能量的有效途径。

　　冬天是多么好的野生动物锻炼的季节啊！积雪和严寒好似一张白纸，各种印迹一目了然。老鼠、小鸟、松鼠，或者狐狸踏过的道道痕迹，无一不在向世人展示，严冬阻挡不住生命的脉冲在热烈地跳动。天寒地冻的区域，细小的缝隙和裂道，到处都有着盛夏般微微跳动的火热的生命。冰霜使树木劈裂和断开，大地盖满了积雪，四处看不到可供鸟兽享用的食物，然而，这里有着一群群可爱而快乐的小鸟——黑顶山雀、白胸鳾，以及它们的伙伴们。

（译者：王　森）

后记

我相信，一片草叶毫不逊色于星辰的
漫漫运程。

沃尔特·惠特曼

撰写本书的念头始于 2022 年 4 月
初。其时，俄罗斯入侵乌克兰的战争已经
持续一个多月，数以万计的平民在战火中
丧生，数百万难民逃离家园。中国大陆新
冠疫情又起，国门封锁两年有余，清明节
在即，却不能回家乡祭奠逝去多年的双
亲，心情异常抑郁。此时，房前撒满草坪
的白玉兰花瓣和街边怒放的粉色樱花，给
人带来春天的喜悦。后院一簇簇细小而白
嫩的日本樱花，盛开在高大的阿拉斯加黄
柏树下。几条青竹旁淡紫色的风信花，随
微风飘来阵阵幽香。大叶枫和加西海棠竞
相吐出新绿，两枝灌木杜鹃的顶梢，挂着
数朵刚刚张开的火焰般的红花。美丽的近
景与远方可见和看不见的硝烟形成鲜明的
反差。此时此刻，忽然生出要记叙美国文
人笔下大自然样貌的冲动。

结束本书的初稿之后，回望全书十篇29章的文字，一个个在美国历史上振聋发聩的名字，而今像闪烁的星星在夜空中熠熠放亮。望着神秘的星空，我仿佛徜徉在美国自然与文化史的长河之中。马克·吐温眼中的密西西比河船工、温德尔·贝瑞笔下的堪萨斯草场上的农民，一个又一个平常人的身影鲜活地浮现在我的眼前。画家的浓墨重彩，文学家的生花妙笔，让许多文化故事得以传承下来，让大自然的瑰宝持久闪光放亮，给身心疲惫的现代人带来慰籍。

　　正如爱默生在《自然》一书中所指出的那样，风光和地貌所表现的意义，仁者见仁智者见智，无不反映出观者的心态。19世纪的美国文学家和艺术家所表现的美国自然，受到当时美国社会状况和民众心态的影响。进入20世纪，特别是蕾切尔·卡尔森所著的《静寂的春天》于1962年出版之后，美国从工业化时代进入了环保时代。工业文明与大自然之间的力量对比，发生了根本性的改变。越来越多的人们终于认识到，大自然不再是取之不尽用之不竭的宝库，对于大自然的无情掠夺，再也不能被继续容忍下去。

写作的动机林林总总，在我看来，一则是抒发胸臆，二则是分享心得，三则是以文会友，就教于同道和读者。愿本书为您送上些许有用的知识和点滴慰籍。有不少读者是米兰·昆德拉的爱好者，相信"生活在别处"。我认为，自然无处不在，大自然就在您的眼前，就在您的身边，就在您的脚下。借用爱默生的名言"自然之美寓于心"，依我之见，美国文化中的自然瑰宝既在美利坚的山水之间，同样存在于美国人民的性格之中。

　　美国作家温德尔·贝瑞于 1971 年发表了一首短诗，题为"还乡"（*A Homecoming*），其结尾两句是："示我乡何在，引我归故里。"

　　约翰·穆尔感叹道："走向高山即是重归故里"。同理，守护好自己的家园和心田，即是对大自然的回馈与珍爱。

2022 年 11 月 13 日
修订稿完成于大温素里

版权许可

参考文献

Anderson, Nancy K. "Curious Historical Artistic Data," in *Discovered Lands, Invented Pasts: Transforming Visions of the American West*, ed. by Jules Prown et al. Yale University Press, New Haven and London, 1992, pp. 1-36.

Berry, Wendell. *Recollected Essays 1965-1980*. North Point Press, San Francisco, 1981. "The Rise", pp. 3-16; "An Entrance to the Woods", pp. 230-244; "The Making of a Marginal Farm", pp. 329-340; excerpts from pp. 241-243. Originals first published 1971 under *The Unforeseen Wilderness*.

Beston, Henry. *The Outermost House – A Year of Life on the Great Beach of Cape Cod*. With Introduction by Robert Finch. St. Martin's Griffin, New York, 1988. First published 1928; copyright renewed 1956 by Henry Beston. Copyright renewed 1977 by Elizabeth C. Beston. Chapter 10 – "Orion Rises on the Dunes", pp. 214-218.

Binkley, Clark. "Forestry after the end of nature," *Journal of Forestry*, October 1992, pp. 33-37.

Brooks, Paul. *Speaking for Nature – The Literary Naturalists, from Transcendentalism to the Birth of the American Environmental Movement*. Published in association with the Walden Woods Project, Lincoln, Massachusetts, by Dover Publications, Inc.,

Mineola, New York, 2014. Copyright ©
1980 by the Walden Woods Project, first
published by the Houghton Mifflin
Company, Boston, 1980.

Bryson, Bill. *A Walk in the Woods*. Anchor Canada,
a division of Random House of Canada
Limited, 2002. Copyright © 1997 by Bill
Bryson.

Buell, Lawrence. *The Environmental Imagination:
Thoreau, Nature Writing, and the Formation
of American Culture*. Harvard University
Press, 1995.
https://doi.org/10.2307/j.ctv1nzfgsv

Carson, Rachel. "The Marginal World" (Chapter 1,
pp. 1-2), "The Enduring Sea" (Chapter 6, pp.
249-250), excerpts from *The Edge of the
Sea*. Houghton Mifflin Company, Boston,
New York, 1998. Copyright © 1955 by
Rachel Carson; copyright © renewed 1983
by Roger Christie.

Cole, Thomas. "Essay on American Scenery,"
American Monthly Magazine, new series, 1
(January 1835), pp. 1-12.

Collins, Henry Hills, ed. *The American Year:
Nature across America through the Four
Seasons as Observed by the Great Writers
and Naturalists of Past and Present*. G. P.
Putnam's Sons, New York, 1961.

Cooper, Susan F. *Rural Hours*, Dodo Press, 2008.
First published 1850.

Crevecoeur, J. Hector St. John de. *Letters from an
American Farmer* and *Sketches of
Eighteenth-Century America*. Edited with

Introduction by Albert E. Stone. Penguin
Books, New York, 1963, 1981. *Letters from
an American Farmer*. First published 1782;
Sketches of Eighteenth-Century America.
first published by Yale University Press
1925.

Cronon, William. "Telling tales on canvas:
Landscapes of frontier change," Chapter 2 in
Jules Prown et al. *Discovered Lands,
Invented Pasts: Transforming Visions of the
American West*. Yale University Press, New
Haven and London, 1992, pp. 37-87.

Emerson, Ralph Waldo. *The American Scholar*.
First published 1837;
https://www.americanrhetoric.com/speeches/
ralphwaldoemersonphibetakappasocietyorati
on.htm. Public domain.

Ferguson, Gary. *The Eight Master Lessons of
Nature: What Nature Teaches Us About
Living Well in the World*. Dutton, An
Imprint of Penguin Random House LLC,
New York, 2019.

Flader, Susan L., Callicott, J. Baird, eds. *The River
of the Mother of God and Other Essays* by
Aldo Leopold. © Board of Regents of the
University of Wisconsin System, 1991.
Excerpts reprinted by permission of the
University of Wisconsin Press.

Foerster, Norman. *Nature in American Literature:
Studies in the Modern View of Nature*.
Russell & Russell, New York, 1950; first
published 1923.

Frost, Robert. "Stopping by Woods on a Snowy
    Evening," from *The Poetry of Robert Frost*,
    edited by Edward Connery Lathem. Henry
    Holt and Company, Inc, 1969. First
    published 1923.
Gschwend, Katherine. "John A. Lomax:
    Documenting the Myth of the American
    West". Dissertations, Theses, and Masters
    Projects, Paper 1539625941, College of
    William and Mary in Virginia, 1995.
Hills, Patricia. "Chapter 2: Picturing Progress in the
    Era of Westward Expansion", in W. H.
    Tuettner, ed., *The West As America:
    Reinterpreting Images of the Frontier*, 1820-
    1920. Washington and London: Smithsonian
    Institution Press, pp. 97-148.
Huth, Hans. *Nature and the American: Three
    Centuries of Changing Attitudes*. University
    of California Press, Berkeley and Los
    Angeles, California; Cambridge University
    Press, London, England, 1957.
Johns, Joshua. "A Brief History of Nature and the
    American Consciousness", "Changing
    Perceptions of Nature and the Rise of the
    Sublime", Nature and the American Identity,
    https://xroads.virginia.edu/~CAP/NATURE/
    cap2.html
Jones, Landon Y., The Essential Lewis and Clark.
    HarperCollins Publishers Inc., New York,
    2000. Excerpts reprinted by permission of
    the author.
Kinsey, Joni. *Thomas Moran and the Surveying of
    the American West*. Smithsonian Institution

Press, Washington, DC, 1992. "The Yellowstone", pp. 41-92; "The Grand Canyon", pp. 93-137; "The Mountain of the Holy Cross", pp. 140-173.

Krutch, Joseph Wood. *The Twelve Seasons – A Perpetual Calendar for the Country*. William Sloane Associates, New York, 1949.

Krutch, Joseph Wood. *If You Don't Mind My Saying So... – Essays on Man and Nature*. William Sloane Associates, New York, 1964.

Krutch, Joseph Wood. *The Best Nature Writing of Joseph Wood Krutch*. William Morrow & Company, Inc., New York, 1969.

Kusserow, Karl and Braddock, Alan. *Nature's Nation: American Art and Environment*. Princeton University Art Museum, distributed by Yale University Press, New Haven and London, 2018.

Ladino, Jennifer K. *Reclaiming Nostalgia: Longing for Nature in American Literature*. University of Virginia Press, Charlottesville and London, 2012.

Marx, Leo. *The Machine in the Garden: Technology and the Pastoral Ideal in America*. Oxford University Press, New York, 1964.

Marx, Leo. "The Idea of Nature in America". *Dædalus – Journal of the American Academy of Arts & Science*, 2008,137(2): 8-21.

McCloskey, Maxine E., Gilligan, James P., ed. *Wilderness and the Quality of Life*. Sierra Club, San Francisco, New York, 1969.

219

McKibben, Bill. *The End of Nature*. Random House
Publishing Group, New York, 2006; first
published 1989.

McKibben, Bill. *Wandering Home – A Long Walk
Across America's Most Hopeful Landscape:
Vermont's Champlain Valley and New
York's Adirondacks*. Crown Publishers, New
York, 2005.

McKibben, Bill., ed. *American Earth:
Environmental Writing Since Thoreau*.
Literary Classics of the United States, 2008.

McPhee, John. *The Control of Nature*. Farrar Straus
Giroux, New York, 1989.

Muir, John. "A Near View of the High Sierra", from
The Mountains of California. Gibbs Smith,
Layton, Utah, 2015; first published 1894, pp.
103-104, 115-116, 124-125, 126-128.

Muir, John. "The Yellowstone National Park", from
Our National Parks. Gibbs Smith, Layton,
Utah, 2015; first published 1901, pp. 178-
181, 218-219.

Nash, Roderick. "The Cultural Significance of the
American Wilderness," in Maxine
McCloskey and James P. Gilligan, eds.,
Wilderness and the Quality of Life. Sierra
Club, San Francisco, New York, 1969, pp.
66-73.

Nash, Roderick. *Wilderness and the American
Mind*. Yale University Press, 4th edition,
2001; first published 1967.

Novak, Barbara. *American Painting of the
Nineteenth Century – Realism, Idealism, and*

the American Experience, 3rd edition.
Oxford University Press, New York, 2007.

Novak, Barbara. *Nature and Culture: American Landscape and Painting, 1825-1875*. Oxford University Press, New York, 2006.

Oliver, Mary. "Wild Geese," from *New and Selected Poems*, Volume One. Beacon Press, Boston, 1992, p. 110. Copyright © 1986 by Mary Oliver, first published 1986 in *Dream Work*. Beacon Press, Boston.

Prown, Jules, et al. *Discovered Lands, Invented Pasts: Transforming Visions of the American West*. Yale University Press, New Haven and London, 1992. Chapter 1 – "Curious Historical Artistic Data": Art History and Western American Art, by Nancy K. Anderson, pp. 1-35; Chapter 2 – Telling Tales on Canvas: Landscapes of Frontier Change, by William Cronon, pp. 37-87; Chapter 6 – Looking Backward, Looking Forward: Selected Themes in Western Art since 1900, by Howard R. Lamar, pp. 167-192.

Rourke, Constance, ed. *The Roots of American Culture*. Harcourt, Brace and Company, Inc., 1965; first published 1942.

Scheese, Don. *Nature Writing: The Pastoral Impulse in America*. Twayne Publishers, New York, 1996.

Smith, Henry Nash. *Virgin Land: The American West as Symbol and Myth*. Copyright © 1950 by the President and Fellows of

Harvard College, reissued, with a new
preface, 1970.

Snyder, Gary. *Mountains and Rivers Without End.*,
Berkeley, California: Counterpoint Press,
1996.

Truettner, William H. *The West As America:
Reinterpreting Images of the Frontier, 1820-
1920.* Smithsonian Institution Press, for the
National Museum of American Art.
Washington and London, 1991; "An
Overview of Westward Expansion", by
Howard R. Lamar, pp. 1-26; "Introduction –
Ideology and Image: Justifying Westward
Expansion", by William H. Truettner, pp.
27-54; "Chapter 2: Picturing Progress in the
Era of Westward Expansion", by Patricia
Hills, pp. 97-148; "Chapter 4: Settlement
and Development – Claiming the West", by
Elizabeth Johns, pp. 191-236; "Chapter 5:
The Kiss of Enterprise – The Western
Landscape as Symbol and Resource", by
Nancy K. Anderson, pp. 237-284.

Turner, Frederick Jackson. "The Significance of the
Frontier in American History", speech
delivered at the World's Columbian
Exposition, Chicago, 1893.

Twain, Mark. "Continued Perplexities", Chapter 9,
pp. 54-56", from *Life on the Mississippi*,
Signet Classics, New York, 2009; first
published 1883.

Wayburn, Peggy. "Nature and Democracy," in
Wilderness and the Quality of Life. Maxine

McCloskey and James Gilligan, eds. Sierra
Club, San Francisco, 1969, pp 63-66.

Webb, Walter Prescott. *The Great Plains*. Ginn and
Company, Boston, 1931.

Whitman, Walt. *Specimen Days & Collect*. "Sea-
Shore Fancies", p. 95; "America's
Characteristic Landscape", p. 150. Dover
Publications, Inc., New York, 1995. First
published 1882.

Wilkins, Thurman. *Thomas Moran, Artist of the
Mountains*. University of Oklahoma Press,
Norman, Oklahoma, 1966, p 6.

www.ingramcontent.com/pod-product-compliance
Lightning Source LLC
Chambersburg PA
CBHW030820210726
48290CB00002B/690